Mutter Teresa

Wo die Hoffnung wohnt

HERDER spektrum

Band 5127

Das Buch

Mutter Teresa – eine Frau, deren Leben vielen Inspiration und Vorbild war. Ihre Arbeit war geprägt von ihrem tiefen Glauben und von der Botschaft, die sie verkörperte: Liebt einander, wie Gott euch liebt. Dass Lieben vor allem anderen Tun bedeutet, war ihre Überzeugung. Sie wollte den Menschen die Liebe Gottes bringen – vor allem jenen, die außerhalb der Gesellschaft stehen, um die sich niemand kümmert. Den Armen, Kranken und Sterbenden gab sie auf diese Weise auch die Hoffnung zurück: Hoffnung, auch am nächsten Tag etwas zu essen zu haben. Hoffnung, gesund zu werden. Hoffnung, nicht allein zu sein.

Die Geschichten dieses Buches zeigen Mutter Teresa, wie ihre Mitschwestern und Mitarbeiter sie erlebten: liebevoll und kämpferisch, sanftmütig und energisch. Es sind Geschichten, die von Menschen berichten, die das wenige, was sie hatten, für Mutter Teresas Arbeit gaben, und von wohlhabenden Menschen, die sich aktiv in den Häusern des von ihr gegründeten Ordens der „Missionarinnen der Nächstenliebe" engagierten, weil sie spürten, dass allein Geld zu geben nicht genug gewesen wäre. Sie zeigen Mutter Teresa im Umgang mit den Armen, Namenlosen ebenso wie in der Begegnung mit den Großen dieser Welt. Der Leser findet in ihnen die Weisheit der Mutter Teresa ebenso wie ihren Humor. Vor allem aber spürt er die unerschöpfliche Kraft zu lieben, von der sie erfüllt war und die sie zum Handeln drängte. „Gestern ist vorbei, und über das Morgen wissen wir nichts", pflegte sie zu ihren Mitschwestern zu sagen: „– also haben wir nur das Heute, um etwas zu tun."

Mutter Teresa, 1910–1997, gründete 1949 den Orden der „Missionarinnen der Nächstenliebe". 1979 Friedensnobelpreis, 1972 Nehru-Preis, 1985 amerikanische Friedensmedaille des Präsidenten. Bei Herder Spektrum: „Zeiten der Barmherzigkeit", „Die Sprache des Herzens", „Öffne dein Herz wie ein Kind"; außerdem die Biografie „Mutter Teresa" von Christian Feldmann.

Die Herausgeber

Edward Le Joly, Priester und Missionar, arbeitete jahrzehntelang mit Mutter Teresa und ihrem Orden zusammen.

Jaya Chaliha arbeitet in Kalkutta mit sozial benachteiligten Frauen und Kindern. Seit den sechziger Jahren wiederholte Zusammenarbeit mit den „Missionarinnen der Nächstenliebe". Journalistische Tätigkeit für verschiedene Zeitungen und Zeitschriften.

Mutter Teresa

Wo die Hoffnung wohnt

Geschichten aus Kalkutta

Aus dem Englischen von Marielies Urban

Herder
Freiburg · Basel · Wien

Titel der Originalausgabe:
Reaching Out in Love. Stories Told by Mother Teresa

First Published in Viking by Penguin Books India 1998

Gedruckt auf umweltfreundlichem,
chlorfrei gebleichtem Papier

Deutsche Erstausgabe

Satz: Barbara Herrmann, Freiburg
Druck und Bindung: Freiburger Graphische Betriebe 2001
Umschlaggestaltung und Konzeption:
R·M·E München / Roland Eschlbeck, Liana Tuchel
Umschlagmotiv: © Associated Press
ISBN 3-451-05127-3

Herr, mache mich zum Werkzeug deines Friedens,
Wo Hass ist, lass mich Liebe säen;
Wo Ungerechtigkeit ist, Vergebung;
Wo Zweifel sind, Glauben;
Wo Verzweiflung ist, Hoffnung;
Wo Dunkelheit ist, Licht;
Wo Traurigkeit ist, Freude.

Herr, lass mich trachten,
Nicht, dass ich getröstet werde, sondern dass ich tröste;
Nicht dass ich verstanden werde, sondern dass ich verstehe;
Nicht dass ich geliebt werde, sondern dass ich liebe.
Denn im Geben empfangen wir;
Im Vergeben wird uns vergeben;
Und im Sterben werden wir zu ewigem Leben geboren.

– Friedensgebet im Geist des Franz von Assisi

Inhalt

Vorwort
Mutter Teresa spricht

Ein Freund fragte Mutter Teresa, wie sie zu den Menschen spreche.

„Ich mache mit dem Daumen ein kleines Kreuz auf meinen Lippen", antwortete sie. „Dann stehe ich auf, schaue geradeaus, über die Menschenmenge hinweg, und sage, was mein Anliegen ist." Im Laufe ihrer vier Jahrzehnte dauernden Karriere als Rednerin sprach Mutter Teresa zu unzähligen Anlässen in mehr als hundert Ländern. Sie sprach zu Menschen aller gesellschaftlichen Schichten und aller Religionen.

Was sie sagte, war auf die Wirklichkeit bezogen, und weil es für sie selbstverständlich war, die Menschen des jeweiligen Ortes, an dem sie sprach, und ihre Lebensbedingungen zu beobachten, waren ihre Reden auf die Zuhörer zugeschnitten.

Mutter Teresa benutzte für ihre Reden keine Notizen, kein Papier. Sie schrieb ihre Reden nicht auf. Sie wusste, was sie sagen wollte. Ihre Botschaft war meist mit zwei oder drei kleinen Schilderungen eigener Erfahrungen ausgeschmückt und nie sehr lang.

Mutter Teresa schrieb nichts nieder, um es zu veröffentlichen, aber sie gab zahlreiche Interviews, die aufgezeichnet wurden. In ihren Reden, Botschaften und Ansprachen berichtete sie von dem, was sie erlebt oder beobachtet hatte. In den Geschichten dieses Buches, werden Leser sowohl Witz als auch Weisheit finden. Während der Witz von dieser Welt ist, kommt die

Weisheit vom Himmel – Witz ist menschlich, Weisheit ist göttlich, ein Gottesgeschenk. Ein witziger Ausspruch, kurz und bündig, ruft ein Lächeln hervor und bleibt in Erinnerung. Ein weiser Ausspruch bereichert, tröstet und richtet auf. Mutter Teresa benutzte Witz in Maßen und gab Weisheit in Fülle.

Bestimmte Geschichten, die kurz und leicht zu behalten waren, erzählte Mutter Teresa immer wieder. Einige Geschichten waren ergreifend. Andere waren beunruhigend, eine Anklage gegen die moderne Gesellschaft, beispielsweise wenn Mutter Teresa Position gegen die Abtreibung bezog und erklärte, was die Schwestern taten, um unverheirateten Müttern zu helfen und das Leben unerwünschter Kinder zu retten.

Einige Geschichten erzählte Mutter Teresa nur vertrauten Freunden. Sie zeigten in besonderer Weise ihre Begeisterung für die Menschen und ihren beeindruckenden Mut.

Nachdem sie 1979 in Oslo den Friedensnobelpreis erhalten hatte, wurde sie in Indien zu einigen Empfängen eingeladen. Der erste Empfang fand natürlich in Kalkutta statt – in einem öffentlichen Park, der eine große Menschenmenge aufnehmen konnte. Für sie war es eine Art Heimspiel, jeder kannte und liebte sie und jubelte ihr zu.

Der Chefminister* führte den Vorsitz und auch andere Minister waren anwesend. Mutter Teresa saß neben dem Chefminister. In seiner Begrüßungsansprache für die Nobelpreisträgerin sagte der Chefminister, wie stolz Kalkutta auf sie sei. Dann stellte er fest, dass die Sorge für das Wohlergehen der Armen und Bedürf-

---

* Die Chefminister der einzelnen indischen Bundesstaaten werden von den jeweiligen Gouverneuren ernannt.

tigen zuallererst Aufgabe des Staates sei. Aber da dieser Staat nicht in der Lage sei, seine Verpflichtungen vollkommen zu erfüllen, seien Mutter Teresa und ihre Schwestern willkommene Helferinnen. Er fuhr fort, ihre Arbeit zu loben, und versprach ihnen seine Unterstützung.

Mutter Teresa erwiderte: „Ich möchte sagen, dass sich jeder Mensch um das Wohlergehen seiner Nachbarn bemühen muss. Das ist ein Gebot der Nächstenliebe. Wir müssen unsere Liebe allen Männern und Frauen zeigen, denn sie sind Gottes Kinder und daher unsere Brüder und Schwestern."

Mutter Teresas Reden hatten immer ein Ziel und eine Botschaft. Der Kern ihrer Botschaft war die Liebe zu Gott und allen Menschen.

Wie erwirbt man diese Liebe?

Manchmal legte Mutter Teresa ihren Briefen eine kleine gedruckte Karte bei, auf der zu lesen war:

> Ohne Gebet kein Glaube
> Ohne Glaube keine Liebe
> Ohne Liebe kein Dienst
> Ohne Dienst keine Freude, kein Frieden.

Also gibt es vier wichtige Schritte – Gebet, Glaube, Liebe und Tun – , die zu innerer Freude beim einzelnen Menschen und zu Frieden in der Gesellschaft führen. Für das Gebet muss eine Bedingung erfüllt sein: die innere und äußere Ruhe. Ruhe der Augen, der Ohren, des Geistes, der Vorstellung. Man muss beherrscht sein, sich konzentrieren können, offen sein für Gottes Eingebungen. Um in lauten Städten äußere Ruhe zu finden, muss man ein ruhiges Zimmer oder ein stilles Plätzchen in einem Park suchen.

Da das Gebet für Mutter Teresa besonders wichtig war, sah man häufig auch auf Reisen, wie der Rosenkranz durch ihre Finger glitt. Auf öffentlichen Versammlungen lud sie wiederholt die Menschen zum Beten ein.

Bei den meisten feierlichen Veranstaltungen mit Staatsoberhäuptern und bekannten Persönlichkeiten sorgte sie dafür, dass die Versammelten gemeinsam ein Gebet sprachen. Am berühmtesten waren die Veranstaltungen in Oslo, als sie den Nobelpreis erhielt, und in New York im Sitzungssaal der UNO anlässlich der Feiern zum vierzigjährigen Bestehen der Vereinten Nationen. Sie begann das Friedensgebet im Geist des Franz von Assisi zu sprechen, und die Versammelten fielen mit ein. Ihre Freunde hatten Zettel mit dem Text des Gebetes verteilt, so wie sie es geplant hatte.

Mutter Teresa sah im gemeinsamen Beten in der Familie eine Möglichkeit, wie eine Familie vereint und glücklich bleiben könne. Sie machte das von Father Peyton geprägte Schlagwort bekannt: Die Familie, die zusammen betet, bleibt zusammen. Mutter Teresa machte sich dieses Wort zu eigen und verkündete es in der ganzen Welt.

Einmal, als sie die kleinen Babys in Shishu Bhavan, dem Kinderheim in Kalkutta, untersuchte, sagte eine Schwester traurig zu ihr: „Dieses Baby wird sterben." Mutter Teresa sagte: „Lasst uns zusammen das Vaterunser sprechen." Sie beteten, und Mutter Teresa setzte ihre Untersuchung fort. Nach drei Stunden berichtete die Schwester: „Das kranke Kind ist gerettet." Solche Vorfälle ereigneten sich im Laufe der Jahre mehrmals. Mutter Teresa bewirkte keine Wunder; sie betete einfach, und Jesus antwortete.

Einem japanischen Verleger, der sagte, er glaube nicht an Gott, antwortete Mutter Teresa: „Knien Sie nieder und sprechen Sie: ‚Mein Gott, ich glaube an dich, ich liebe dich. Mein Gott, ich vertraue dir. Ich bereue meine Sünden.' Tun Sie dann ein paar kleine Dinge mit großer Liebe."

Einem freiwilligen Helfer, der ihr sagte, er habe seinen Glauben verloren, gab sie ein Gebetbuch. Nach drei Wochen kam er wieder zu ihr und sagte: „Jetzt glaube ich."

Mutter Teresa beeindruckte ihre Schwestern durch ihren Glauben und ihr Gottvertrauen. Sie zweifelte niemals an ihrer Berufung und an Gottes Unterstützung für ihren Orden. Am Anfang hatte sie kein Geld, kein Haus, keine Mitglieder, keine offizielle Absicherung oder Unterstützung, und das erforderte viel Mut. Dennoch sagte sie: „Von Anfang an habe ich nie daran gezweifelt, dass unsere Kongregation Gottes Werk ist, dass sie Erfolg haben würde. Aber ich habe nicht geglaubt, dass sie so groß werden würde. Das alles ist Gottes Werk."

Ihr Vertrauen auf die göttliche Fügung war so groß, dass sie monatliche Zuwendungen zurückwies, die ihren Schwestern in New York, Montreal und anderen Orten angeboten wurden. Sie befürchtete, dass „die Schwestern ihr Vertrauen auf Gott und die Freude, gänzlich auf die göttliche Fügung angewiesen zu sein, verlieren könnten", wenn sie diese Zuwendungen annahm.

Mutter Teresa betonte stets, dass der Glaube wichtig sei, um die Würde jedes einzelnen Menschen zu erkennen, der von Gott geschaffen worden sei. Der Glaube dürfe durch Leiden nicht beeinträchtigt werden, denn nur er könne dem Leiden eine Bedeutung geben. Für leidende Menschen hatte sie ein Wort des Trostes: „Das Leiden öffnet einen inneren Raum, der sonst nicht da sein würde – so dass Gott hereinkommen und ihn ausfüllen kann." Sie hatte selbst viel gelitten und sagte: „Gott erwies mir eine große Gnade: Er sandte mir Leiden." Daraus ergab sich, dass sie unabhängig von menschlichem Trost und offen für Gottes Anwesenheit und Tun war – wie Jesus, als er am Kreuz starb. Sie erlitt drei Herzanfälle. Nach dem ersten Anfall war sie einen Monat lang in einem römischen Krankenhaus. Nach dem zweiten wurde sie für sechs Wochen in ein Pflegeheim in Kalkutta aufgenommen. Nach ihrer Genesung begann sie, Reisen in die ganze Welt zu unternehmen und Reden zu halten. Der dritte Herzanfall brachte sie an den Rand des Todes. Wieder erholte sie sich so gut, dass sie nach Rom und in die Vereinigten Staaten reisen konnte.

Der Kern von Mutter Teresas Botschaft war die Liebe: Liebt Gott und liebt einander!

Sie sagte: „Wir können unsere Liebe zu Gott, den wir nicht sehen können und der nichts braucht, nur zeigen, indem wir unseren Nachbarn als ein Kind Gottes lieben und ihm dienen.

Ohne Liebe gibt es kein Glück in der Familie, keinen Frieden in der Welt. Ein Werk der Liebe ist ein Werk des Friedens."

In ihren Reden und Schriften entwickelte Mutter Teresa zwei zentrale Grundsätze: Die Heiligkeit ist für alle da. Und: Nächstenliebe fängt in der Familie an.

Mutter Teresa bezweckte etwas mit diesen Ideen. Sie wollte die Menschen besser machen, stärker in ihrer Liebe und in ihrem Glauben, großzügiger und hingebungsvoller, kurz gesagt – heiliger. Sie predigte und wiederholte vor Menschen aller Religionen: Seid heilig, so wie Gott heilig ist. Mutter Teresa gestand: „Wenn ich ihnen sage, die Heiligkeit sei für alle, sei für sie, dann sind sie oft erstaunt. Sie dachten, die Heiligkeit sei nur etwas für Priester und Nonnen, die Fachleute der Religion."

Sie erklärte, Heiligkeit bedeute für uns, unsere Berufung vollkommen zu erfüllen, nämlich das zu tun, was man von uns erwarte. Ein Arzt, ein Lehrer, ein Geschäftsmann, ein Bauer, eine Hausfrau, ein Schüler sind aufgerufen, gemäß ihrer Stellung im Leben heilig zu sein. Diese Botschaft war ein Trost und gleichzeitig eine Herausforderung.

Sie sagte auch, die Liebe solle zuerst in der Familie erfahren werden. Das Glück in der Familie hängt vor allem von der Frau ab. Sie ist das Herz der Familie. Und Mutter Teresa gibt einen praktischen Rat für ein glückliches Familienleben – „Lächeln".

Nach der Familie kommt die Nachbarschaft. Mutter Teresa wiederholte immer wieder: „Es gibt überall arme Menschen. Unerwünscht, einsam und ungeliebt zu sein ist schlimmer als hungrig zu sein. Sogar unter gutgestellten Nachbarn finden sich einsame Menschen. Besucht sie. Heitert sie auf."

Sie sagte: „Einige Menschen schrieben mir, sie würden gern nach Kalkutta kommen und hier als freiwillige Helfer arbeiten. Ich schrieb zurück: ‚Es ist nicht nötig, dass Sie nach Kalkutta kommen. Beginnen Sie mit der Arbeit in Ihrem eigenen Land. Fangen Sie bei sich zu Hause an, in Ihrer Nachbarschaft, in Ihrem Dorf oder Ihrer Stadt, in Ihrem Verwaltungsbezirk. Finden Sie heraus, welche Menschen spirituelle oder materielle Hilfe brauchen. In einigen Ländern Asiens und Afrikas gibt es vorwiegend materielle Armut; doch in den reichen Ländern Europas und Amerikas gibt es viel spirituelle Armut, und sie ist schwerer zu heilen.'"

Fröhlichkeit als Zeichen der Liebe war eines der wesentlichen Kennzeichen von Mutter Teresa und ihren Missionarinnen der Nächstenliebe. Sie wollte, dass ihre Schwestern fröhlich seien, und sie war ihnen darin ein Vorbild. Sie brachte Glück und Leben, wohin sie auch ging.

Mutter Teresa sagte: „Lächle, wenn du die Armen besuchst. Auch wenn du nichts zu geben hast, lächle sie an; ein Lächeln kostet nichts."

Einige freiwillige Helfer, die ein paar Wochen oder Monate lang unter den Armen lebten und arbeiteten, gestanden, dass sie am Anfang nicht schlafen konnten. „Wenn ich den ganzen Tag über so viel Elend und so viel Leid gesehen hatte, weinte ich nachts im Bett lange und konnte nicht schlafen", berichteten sie. Wie geht es dann erst den Schwestern, die ihr Leben lang dieses Elend sehen und mit ihm in Berührung kommen? Mutter Teresa hatte dies als ein Problem erkannt und riet den Schwestern: „Welches Elend, welches Leid ihr auch im Laufe des Tages gesehen und erlebt habt, geht niemals zu Bett, ohne euch zu freuen, dass Christus auferstanden ist."

Ein anderes Kennzeichen von Mutter Teresa war ihre Entschlossenheit. Sie empfahl immer, sofort zu handeln. Sie wartete niemals lange ab oder vertrödelte die Zeit. Sie stimmte darin mit Winston Churchill überein, auf dessen Schreibtisch während des Krieges ein Schild mit den Worten „Heute handeln" stand. Zu ihren Schwestern sagte Mutter Teresa immer wieder: „Das Gestern ist vergangen, das Morgen wird vielleicht nie kommen, wir haben nur das Heute, um für Jesus zu arbeiten."

Mutter Teresa erinnerte sich daran, dass sie ihr erstes Interview auf Bitten des englischen Journalisten Malcom Muggeridge für die BBC gab. Dieses Interview wurde in ganz England ausgestrahlt. Später machte Muggeridge einen Film in Kalkutta, der Mutter Teresa und ihre Schwestern bei der Arbeit im Mutterhaus zeigen sollte. Als sich die Schwestern zu Beginn der Dreharbeiten in dem offenen Innenhof versammelten, rief Mutter Teresa begeistert die unvergesslichen Worte: „Lasst uns etwas Wunderschönes für Gott tun."

Diese Worte machten ihr ganzes Leben aus.

Genau dies versucht die folgende Zusammenstellung von Geschichten Mutter Teresas zu zeigen. Es sind ihre besten Geschichten – und sie sind so niedergeschrieben, wie sie sie erzählte.

Edward Le Joly, SJ

Auf dem Weg der inneren Berufung

Im Besuchszimmer des Mutterhauses in Kalkutta hing eine Tafel an der Wand –

Agnes Bojaxhio
Tochter von Nicholas und Rosa
Jüngere Schwester von Agatha und Lazarus
Geboren am 26. August 1910 in Skopje
Getauft am 27. August 1910

Bruder Janez Udovc, der damals in Skopje Dienst tat, erinnerte sich:

„Agnes' Familie war sehr religiös. Sie selbst hatte eine gute Stimme; sie war wirklich unsere Primadonna, die Sopransolistin des Kirchenchores. Sie leitete in der Abwesenheit des Chorleiters auch den Chor."

Im Alter von zwölf Jahren äußerte Agnes – Teresa war ihr Ordensname – gegenüber ihrer Mutter Rosa den Wunsch: „Ich möchte gerne Nonne werden." Rosa sagte ihr, sie müsse warten, bis sie etwas älter sei.

Als Jugendliche las Agnes in einem Zeitungsartikel, den ein jugoslawischer Jesuitenpater aus Bengalen geschickt hatte, dass Bewerber gesucht würden, die gerne in Indien arbeiten wollten. Im Alter von achtzehn Jahren fühlte sie, dass sie nun ihrer inneren Berufung folgen müsse. Am 26. September 1928 verließ sie ihr Elternhaus und ging nach Dublin, um sich dort der

Loreto-Kongregation anzuschließen. Zwei Monate später war sie auf dem Weg nach Indien. Sie kam am 6. Januar 1929 in der Howrah Station an, einem der beiden großen Bahnhöfe in Kalkutta.

Ihre zweite innere Berufung geschah am 10. September 1947, als sie fühlte, sie müsse eine neue Einrichtung aufbauen, um unter den Ärmsten der Armen zu arbeiten.

Mutter Teresa war die Gründerin des Ordens der „Missionarinnen der Nächstenliebe", der am 7. Oktober 1950 die offizielle Bestätigung vom Vatikan erhielt.

Ein kleiner Stift in Gottes Hand

Mutter Teresa beschrieb sich selbst als einen kleinen Stift in Gottes Hand – nicht mehr als sein Werkzeug. Sie selbst benötigte für ihre tägliche Verwaltungsarbeit bei der Leitung der „Missionarinnen der Nächstenliebe“ auf der ganzen Welt sehr häufig ein Schreibwerkzeug. Für die Gründerin und Generaloberin ihres Ordens war jede kleinste Handlung ein lebendiges Vorbild für ihre Schwestern und alle Menschen, die mit ihr arbeiteten. Sie erzählte:

„Beim vielen Schreiben sind die Stifte immer so schnell leer. Wenn die Schrift allzu blass wird, steckt mir eine Schwester einen neuen Stift in die Hand.“ Wenn Mutter Teresa zu schreiben aufhörte, gab sie der betreffenden Schwester immer den Stift zurück, denn sie sagte: „Ich nehme nichts ohne Erlaubnis.“

„Wenn ich einfach vorüber gegangen wäre"

„Ich wäre keine Missionarin der Nächstenliebe gewesen", sagte Mutter Teresa zu ihren Schwestern, „wenn ich vorübergegangen wäre, als ich die Frau sah und roch, die von Ratten angefressen war – ihr Gesicht, ihre Beine. Doch ich kehrte um, hob sie auf und brachte sie in ein Krankenhaus. Hätte ich das nicht getan, wäre es das Ende des Ordens gewesen. Gefühle des Widerwillens sind menschlich, aber wenn ich das Antlitz Jesu in seiner schmerzlichsten Gestalt erkenne, werde ich heilig sein."

Frauen, die anderen Wohlfahrtsorganisationen angeschlossen waren, boten Mutter Teresa häufig ihre Dienste an.

Eine Frau sagte: „Wir arbeiten genau wie Sie im sozialen Bereich, Mutter, und würden Ihnen gern helfen." Mutter Teresa wollte zwar, dass diese Frauen in ihre Arbeit einbezogen würden, aber sie wollte auch, dass man ihren Auftrag wirklich richtig verstünde. Sie erklärte also:

„Ein reines Herz kann Gott sehen. Und wir sollten Gott in den anderen Menschen sehen. Das hat Jesus uns gelehrt: ‚Liebet einander. Das Geringste, was du für deinen Nächsten tust, hast du für mich getan.' Wir sind keine Sozialarbeiter. In den Augen mancher Menschen ist das, was wir tun, vielleicht Sozialarbeit, aber wir tun es für Jesus."

Um zu unterstreichen, was sie meinte, erzählte Mutter Teresa dieses Beispiel:

„Eines Tages hob eine unserer Schwestern einen Mann von der Straße auf, und dabei löste sich seine Haut ab und blieb auf dem Weg liegen. Die Schwester nahm ihn mit nach Hause, aber sie brauchte lange, um ihn zu versorgen, denn sein Körper war voller Würmer. Nach zwei oder drei Stunden starb er mit einem Lächeln auf seinem Gesicht. Ich fragte die Schwester: „Was hast du gefühlt, als du diesen Körper berührtest? Als du ihn immer wieder anfasstest?"

Sie sagte: „Mutter, ich habe vorher noch nie die Gegenwart Christi gefühlt, aber dieses Mal war ich wirklich fest überzeugt, dass ich seinen Körper berührte.“

Ein Heim für Leprapatienten

„Die Arbeit für die Leprapatienten im Lepraheim in Titagarh", sagte Mutter Teresa anlässlich des fünfzigjährigen Bestehens dieses Heimes, „war von Anfang an eine unserer wichtigsten Tätigkeiten."

Mutter Teresa erhielt 1973 den englischen Templeton-Preis, der verliehen wird für den Beitrag der Religion zum Fortschritt der Menschheit. Mit dem Geld konnte sie in Titagarh bei Kalkutta noch mehr Leprakranke und andere Patienten aufnehmen, die kein Zuhause hatten. Zu Beginn leiteten die Schwestern das Haus. Doch sie fanden es zu schwierig, mit einigen Krankheitsfällen zurechtzukommen, daher bat Mutter Teresa die „Brüder der Nächstenliebe"*, dieses Haus zu übernehmen. Das geschah, und bis heute führen sie die Einrichtung sehr erfolgreich, indem sie die Leprakranken anleiten, gewisse Arbeiten oder Aufgaben auszuführen, zu denen sie noch fähig sind.

Eines Nachts hatten die Patienten Gelegenheit, ihren Mut unter Beweis zu stellen. Einer der Brüder erinnert sich: „In jener Nacht gab es ein Geräusch auf dem Dach. Dort waren Säcke mit Reis gestapelt, um sie vor Dieben zu schützen. Eine Gruppe von Männern war nun dabei, diese Säcke mit Reis fortzuschleifen. Die Patienten kletterten mit Stöcken auf das Dach. Sie

* Die seit 1963 bestehende Brüdergemeinschaft der „Missionaries of Charity".

griffen die Diebe an, begannen sie zu schlagen. Einige Diebe entkamen, während andere eingekreist wurden und zur Warnung einige tüchtige Hiebe bekamen. Die Polizei wurde benachrichtigt, und es gab eine Untersuchung."

Der Vorfall ging durch die Zeitungen, und so erfuhren viele Menschen von der erfolgreichen Arbeit, die in dem Heim für Leprakranke in Titagarh geleistet wurde.

Praktische Hilfen gegen Abtreibungen

Auf Frauenzusammenkünften hielt Mutter Teresa leidenschaftliche Plädoyers gegen die Abtreibung, aber sie war es auch, die unverheirateten Müttern in ihren Schwierigkeiten am meisten praktische Hilfe leistete.

Einmal als sie in einem kleinen Besuchszimmer des Mutterhauses mit einem Priester sprach, kamen zwei Männer herein. Sie stellten sich als Vater und Onkel einer jungen Frau vor. „Meine Tochter ist schwanger", sagte der Vater. „Sie kann das Kind aber nicht in unserem eigenen Haus zur Welt bringen. In unserer Gemeinschaft würde es danach unmöglich sein, sie zu heiraten. Deshalb muss sie an einem anderen Ort entbinden."

„Das ist sehr einfach", sagte Mutter Teresa, „sie kann in eines unserer Häuser gehen, die Schwestern werden sie bis zu ihrer Entbindung und auch anschließend versorgen. Freut sie sich auf das Kind, hat sie es lieb?"

„Im Augenblick nicht", antwortete der Mann.

„Das kommt vielleicht noch", sagte Mutter Teresa. „Wenn die Liebe sich nicht einstellt und die Mutter das Kind im Stich lässt, dann werden wir es zur Adoption freigeben. Wenn sie es liebt, kann die Mutter das Kind vielleicht nach einem oder zwei Jahren abholen, wie sie es möchte. Nun können Sie Ihre Tochter hierher bringen, und eine der Schwestern wird sich um sie kümmern."

Die beiden Männer gingen sichtlich erleichtert fort. „Das geschieht hier oft", sagte Mutter Teresa. „Auf diese Weise haben wir schon viele Kinder gerettet."

Der Premierminister zu Besuch

Als Mutter Teresa zehn Jahre in Kalkutta gearbeitet hatte, begann sie auch Häuser in mehreren anderen Orten in Indien zu eröffnen. Zu einem solchen Anlass empfing sie einen Besucher – den damals wichtigsten Mann im Staate, Premierminister Jawaharlal Nehru.

Später berichtete sie einem Freund:

„Nehru kam, um sich unser Haus in Delhi anzusehen. Wie jeden anderen Besucher führte ich ihn zuerst in die Kapelle und sagte: ‚Lassen Sie uns als erstes dem Herrn des Hauses unseren Respekt erweisen.' Ich ging hinein und kniete zum Gebet nieder. Nehru blieb an der Tür stehen und machte eine Geste des Respekts. Sein Freund Krishna Menon, der ihn begleitete, ging in die Kapelle hinein und sah sich die Inschrift an, die sich an der Wand befand. Er fragte mich, was sie bedeute.

Als wir aus der Kapelle herauskamen, fragte ich: ‚Herr Premierminister, soll ich Ihnen erzählen, was wir tun?' Nehru antwortete: ‚Nein, Mutter, das weiß ich; darum bin ich ja hier.' Wir gingen die Treppe hinauf, und Nehru traf mit den Kindern zusammen."

Viele Jahre später, als Nehrus Tochter Indira Gandhi Premierministerin war, hatte Mutter Teresa auch zu ihr gute Beziehungen.

Sie erzählte: „Mrs. Gandhi rief unsere Schwestern in Delhi an und sagte: ‚Schwestern, gestern hatten wir einen großen Empfang. Es ist viel Gemüse übrig geblieben. Sie können es für die Kinder haben. Bitte schicken sie Ihren Lieferwagen zum Abholen vorbei.'"

„Das kam mehrere Male vor", fügte Mutter Teresa hinzu.

Von Kindern lernen

Manchmal erzählte Mutter Teresa die Geschichte des folgenden Vorfalls als ein Beispiel dafür, wie ein Kind seine Eltern belehrt.

„Supertick" und „Littletick" waren Brüder im Alter von acht und zehn Jahren, reichlich ungezogen und in der ganzen Nachbarschaft für ihre Streiche bekannt.

„Superticks" Geburtstag kam näher, und seine Eltern fragten ihn, was er sich wünsche und wen er zu seiner Geburtstagsfeier einladen wolle. Diesmal reagierte er anders als in früheren Jahren. Er dachte lange darüber nach, und später beim Abendessen sagte er: „Gebt alles Geld, das Ihr für meinen Geburtstag ausgeben würdet, an Mutter Teresa." Seine Eltern waren sehr überrascht. Sie konnten sich nicht erinnern, dass sie mit ihren Kindern über Mutter Teresa und ihre Arbeit gesprochen hatten.

Am Morgen des Geburtstages machte sich der Vater zeitig fertig, und ehe er ins Büro ging, besuchte die ganze Familie Mutter Teresa. Die Eltern überreichten dem Geburtstagskind einen Umschlag, der das Geld enthielt. Schüchtern schob „Supertick" ihn in Mutter Teresas Hände. Sie küsste ihn und gab ihm ein „Gegengeschenk" – ihren Segen und kleine Schaumünzen und Karten, die in ihrer Handschrift an Supratik und seinen Bruder Ritwick adressiert waren – denn dies waren ihre richtigen Namen.

Göttliche Fügung

Eines Morgens saß Mutter Teresa in dem offenen Innenhof des Mutterhauses und empfing die vielen Besucher, die bei ihr Rat und Hilfe suchten. Sie erzählte ihnen die folgende Geschichte:

„Vor einiger Zeit kam ein Mann mit einem Rezept zum Mutterhaus. Sein einziges Kind lag im Sterben. Der Arzt hatte ein Medikament verschrieben, das in Indien nicht zur Verfügung stand. Ich habe aber von der indischen Regierung die Genehmigung, lebensrettende Medikamente zu verwenden, die aus aller Welt kommen können. In diesem Augenblick brachte ein Mann einen Korb voller Medikamente, die er gesammelt hatte. Ganz obenauf lag das Medikament, das der Vater brauchte, und zwar genau in der richtigen Menge. Wäre ich in diesem Augenblick an einer anderen Stelle im Haus gewesen, dann hätte ich es nicht gesehen.

Millionen von Kindern sterben auf der ganzen Welt. Und sehen Sie: Gott hatte ein Interesse daran, das Medikament für dieses Kind zu beschaffen. Das ist Gottes Güte und Liebe. Das ist liebendes Vertrauen – göttliche Fügung."

Nächstenliebe beginnt heute

Mutter Teresa glaubte, dass man immer sofort handeln müsse. Sie war eine Macherin, keine Predigerin. Sie sagte oft:

„Nächstenliebe beginnt heute. Heute leidet jemand, heute liegt jemand auf der Straße, heute ist jemand hungrig. Unsere Arbeit gilt dem Heute, das Gestern ist vorüber, das Morgen ist noch nicht da. Wir sehen eine Notlage, wir beseitigen sie; zumindest tun wir etwas dagegen.

Eine Frau kam mit ihrem Kind zu mir und sagte: ‚Mutter Teresa, ich habe an zwei oder drei Stellen um Essen gebeten, denn ich habe seit drei Tagen nichts gegessen. Doch sie sagten zu mir, ich sei jung und solle arbeiten und meinen Lebensunterhalt verdienen. Niemand gab mir etwas.'

Ich ging fort, um etwas zu essen für sie zu holen, und als ich zurückkehrte, war das Baby in ihren Armen vor Hunger gestorben.

Wenn wir den Menschen nicht heute etwas zu essen geben, sind sie morgen nicht mehr da. Deshalb kümmern Sie sich um die Dinge, die Sie heute tun können."

„Wohnt hier Mutter Teresa?"

Eines Nachmittags sprach Mutter Teresa im Besuchszimmer des Mutterhauses mit einer Gruppe von Besuchern, als sie eine kleine Gruppe von Kindern in Begleitung einer älteren Dame im Eingang stehen sah. „Wohnt hier Mutter Teresa?", fragten sie wie mit einer Stimme. Mutter Teresa wusste instinktiv, dass diese Kinder in einer besonderen Mission bei ihr waren. Sie entschuldigte sich und trat zu ihnen.

Nach einer Weile kehrte sie in das Besuchszimmer zurück und erklärte ihren Besuchern den Grund der Unterbrechung.

Die Kinder waren Schüler einer Schule in einem Vorort von Kalkutta. Die Frau, die sie begleitete, war ihre Schulleiterin. Sie erzählte Mutter Teresa, dass die Kinder in ihren jeweiligen Klassen die besten oder zweitbesten Schüler seien und sie am Tag vor der Preisverleihung gebeten hätten, ihnen statt der Preise Geld zu geben. Das Geld wurde dann in einen Umschlag gesteckt. Die nächste Bitte der Kinder war: „Bringen Sie uns zu Mutter Teresa. Wir möchten ihr gern das Geld für ihre Armen geben."

Mutter Teresa sagte zu ihren Besuchern: „Sehen Sie nur, wie wunderbar es war, dass sie das Geld nicht für sich selbst ausgegeben haben. Immer wenn ich Geld oder eine Auszeichnung oder irgendetwas anderes annehme, nehme ich es im Namen der Armen, die die Menschen in mir erkennen. Ich glaube, dass das richtig ist, denn wer bin ich schließlich? Ich bin nichts. Weil sie sehen, glauben sie."

Ein Festessen

Am 22. August 1977 wurde das fünfundzwanzigjährige Bestehen von Nirmal Hriday gefeiert, Mutter Teresas Heim für die Sterbenden. Es war ein ganz besonderes Ereignis für Mutter Teresa. An jenem Tag fuhren gut gekleidete Damen in Limousinen vor, die von Chauffeuren gesteuert wurden. Mutter Teresa hatte jede Dame gebeten, entsprechend einem festgelegten Speiseplan Essen für zehn Personen vorzubereiten und mitzubringen. Beladen mit Servierbrettern und Körben voll von Essen und Früchten betraten die Gäste das Heim. Eine Dame kam mit leeren Händen und bot Mutter Teresa etwas Geld an. Mutter Teresa sagte zu ihr: „Ich habe keinen Tasche", und bat sie, es einer der Schwestern zu geben. Später erklärte Mutter Teresa: „Ich möchte, dass die Reichen die Arbeit selbst machen."

Während des Essens achtete Mutter Teresa auf jede Einzelheit. Sie stützte die Patienten, die nicht selbst sitzen konnten, und wenn sie bemerkte, dass ein Patient nicht schlucken konnte, nahm sie eine Orange, schälte sie und presste den Saft in seinen Mund.

Niemand wurde bei der Verteilung vergessen, und als schließlich Beutel mit Nüssen ausgegeben werden sollten, sagte Mutter Teresa, die alles beobachtet hatte, zu den freiwilligen Helfern, sie sollten die Nüsse für einen anderen Zeitpunkt aufbewahren.

„Sie bekommen vielleicht Verdauungsstörungen,

wenn sie noch mehr essen. Ihre Mägen sind nicht an so große Mengen Essen gewöhnt.“

Eine ungewöhnliche Reisebegleiterin

Mutter Teresa hatte aus Fatima in Portugal eine Statue der Jungfrau Maria erhalten. Sie sah so aus, wie sie von den Kindern beschrieben worden war, denen sie dort mehrmals erschienen war.

Die innige Liebe zur Muttergottes von Fatima hatte sich weit verbreitet. In Kalkutta wurde ihr zu Ehren eine Kirche gebaut und nach ihr benannt.

Mutter Teresa nahm die Statue mit zu mehreren ihrer Häuser in Indien, damit die Menschen zu der Muttergottes beten konnten. Sie hatte vom Verkehrsminister einen Ausweis für die indische Eisenbahn erhalten, der „Freie Fahrt für Mutter Teresa und eine Begleitperson" ermöglichte.

Mutter Teresa erzählte einer Freundin die folgende Geschichte mit einem Schmunzeln:

„Einmal befand sich die Statue auf dem Sitzplatz neben mir, als ein Fahrkartenkontrolleur nach meiner Fahrkarte fragte. Ich zeigte ihm meinen Ausweis. Der Mann bemerkte: ‚Es wird nicht erwähnt, dass auch das Gepäck frei ist. Also müssen Sie für die Statue bezahlen, die einen Platz belegt.'

‚Sie ist meine Begleitung', antwortete ich, ‚sie reist mit mir.' Der Mann widersprach: ‚Aber sie spricht nicht.'

‚Ich spreche mit ihr', antwortete ich, ‚und sie hört zu, und manchmal spricht sie zu mir. Daher werde ich nicht bezahlen.'

‚Sie müssen bezahlen', beharrte er.

‚Wie kann ich bezahlen? Ich habe kein Geld. Wenn ich mit dem Zug reise, nehme ich kein Geld mit, da ich einen Ausweis vom Verkehrsminister habe."

‚Nun gut', sagte der Mann und ging weiter."

Wie üblich hatte sich Mutter Teresa durchgesetzt.

Professor für Liebe

Mutter Teresa eröffnete in Venezuela ihre erste Mission außerhalb Indiens. Eine reiche Familie aus Cocorote hatte den „Missionarinnen der Nächstenliebe" Land zur Verfügung gestellt, damit sie ein Waisenhaus bauen konnten. Als Mutter Teresa Südamerika besuchte, wollte sie der Familie gern danken. Sie bemerkte, dass das erstgeborene Kind der Familie stark behindert war.

Sie fragte die Mutter des Kindes: „Wie heißt es?"

„Professor für Liebe", erwiderte die Mutter, „denn dieses Kind lehrt uns, wie wir liebevoll miteinander umgehen sollen."

„Ein wunderbares Lächeln lag auf dem Gesicht der Mutter, als sie diese Worte sagte", schloss Mutter Teresa.

Ein Gebet wird erhört

Nicht lange nach der Gründung des Ordens stiftete ein Mann sechzehn weiße Baumwollsaris mit roten Borten. Mutter Teresa war begeistert und wusste sofort, was sie mit dem Geschenk anfangen würde. Es gehörte zu ihren Gewohnheiten, zwei- oder dreimal am Tag vom Mutterhaus zum Kinderheim Shishu Bhavan zu gehen, wo sie dann mit den Kindern und jungen Mädchen betete, sie fütterte und mit ihnen sprach. Mutter Teresa wusste, dass im Kinderheim am nächsten Tag ein besonderes Ereignis bevorstand und dass dieser Tag ein Festtag sein würde. Aus diesem Grund brachten sie und eine andere Schwester die Saris am Abend zum Kinderheim. Die Mädchen freuten sich sehr über das Geschenk, und die Saris wurden sorgfältig für den nächsten Tag weggelegt.

Am nächsten Morgen bot sich ein überraschender Anblick. Die Mädchen weinten aus tiefstem Herzen. Diebe waren in der Nacht in das Haus eingebrochen und hatten unter anderem auch die Saris gestohlen. Diese Nachricht erreichte das Mutterhaus.

Mutter Teresa kam in das Kinderheim, scharte die Mädchen um sich, tröstete sie und bat sie zu beten, dass Gott ihnen die gestohlenen Saris zurückgeben möge. Das Weinen hörte auf, und die Mädchen knieten nieder und beteten mit Mutter Teresa.

Obwohl die Tränen getrocknet waren, hing eine Wolke der Traurigkeit über Shishu Bhavan, als die

Stunde des großen Ereignisses näher rückte. Als sich die Mädchen gerade fertig machten, erfuhr Mutter Teresa, dass alle gestohlenen Gegenstände von der Polizei gefunden worden waren und ins Heim zurückgebracht würden.

Einer der Jungen, heute ein junger Mann und Chefkoch in einem Vier-Sterne-Hotel, erinnert sich an den Vorfall und an die Worte von Mutter Teresa: „Alles beginnt mit dem Gebet. Gott beantwortet unser Gebet immer, auch wenn wir manchmal nicht das erhalten, worum wir gebeten haben. Gott weiß, was für uns am besten ist."

Der Junge erzählte seiner Pflegetante diese Geschichte und fügte hinzu, dass er mitten in der Freude über die zurückgegebenen Saris traurig gewesen sei, obwohl er zu jener Zeit erst sieben oder acht Jahre alt war: Die Diebe hatten den Röntgenapparat, der erst kurz zuvor gestiftet worden war, so schwer beschädigt, dass er nicht mehr repariert werden konnte. Der Junge erinnerte sich, dass Mutter Teresa den Kindern erzählt hatte, wie wundervoll dieser Apparat sei, weil er so vielen armen, kranken Menschen helfen könne.

„Es sind nur die Schwestern, die singen"

Es war einer der heißesten Sommer seit Menschengedenken, als Mutter Teresa mit einer kleinen Schar von Schwestern nach Lucknow kam, der Hauptstadt von Uttar Pradesh, um dort ein Haus zu eröffnen. Die Sommertemperaturen steigen hier auf über 40° C im Schatten. Doch für Mutter Teresa waren solche Dinge nebensächlich. Sie bewältigte sie mühelos und verlor niemals ihren irdischen Humor.

Später schrieb sie an eine Freundin in Lucknow, die zu jener Zeit nicht dort gewesen war:

„Es wird dich freuen zu hören, dass die Hitze in Lucknow wirklich groß war! So wurde unser Haus in Lucknow auf brennender Liebe gegründet. Es ist gut, von außen mit dem Feuer Gottes zu brennen, wenn schon unsere Herzen nicht davon brennen."

Das Haus befand sich auf einem alten englischen Friedhof, und da Mutter Teresa die Ängste kannte, die viele Menschen vor Friedhöfen haben, beruhigte sie ihre Freundin: Wenn sie nachts Geräusche wie Lachen und Singen höre, so sei es nur der Gesang der Schwestern.

Freiflug für Mutter Teresa

Für die Schwestern, die in weit entfernten Ländern arbeiteten, war es sehr wichtig, dass Mutter Teresa sie von Zeit zu Zeit besuchte. In Indien reiste Mutter Teresa mit der billigsten Fahrkarte der Eisenbahn, bis sie vom Verkehrsminister einen Freifahrtschein für sich und eine Begleitperson erhielt. Aber Reisen ins Ausland waren teuer, und es schmerzte Mutter Teresa, dass sie so viel Geld für ein Flugticket ausgeben sollte. Es musste einen Ausweg geben. Mutter Teresa betete.

Als die nächste Auslandsreise anstand, erkundigte sie sich bei den Fluggesellschaften, ob sie im Flugzeug irgendeine Arbeit verrichten könne, mit der sie sich einen Freiflug verdienen könne – vielleicht als Stewardess!

Mutter Teresas Gebet wurde erhört. Im Jahre 1977 konnte sie glücklich berichten:

„Die internationalen Fluggesellschaften haben begonnen, uns kostenlose Flüge zu ermöglichen. Wir wurden bislang schon von den indischen Inlandfluggesellschaften unterstützt, doch jetzt kommen uns auch die internationalen Fluggesellschaften zu Hilfe. Einmal bekamen wir sechs kostenlose Flugtickets für einen Auslandsflug, und ich schickte sechs Schwestern mit einem Gepäck von tausend Pfund. Das Personal im Flughafen schaute zunächst betreten drein. So etwas hatten sie noch nie gesehen. Üblicherweise sind zwanzig Kilo zugelassen. Doch die Genehmigung für die Freiflüge sagte nichts aus über die Menge des Gepäcks, sondern lautete: ‚Sechs Schwestern und ihr Gepäck'. So sandten wir Decken, Medikamente, Nahrungsmittel, Dinge, die für die Arbeit mit den Armen erforderlich waren. Alles musste dorthin gebracht werden."

Das Gepäck von tausend Pfund wurde in das Flugzeug geladen, denn niemand hätte gewagt, Mutter Teresa zu widersprechen, die es um der Nächstenliebe willen angeordnet hatte. Sie erzählte mit verschmitztem Lächeln diese Geschichte immer wieder.

Mutter Teresa und Mahatma Gandhi

Am 2. Oktober 1976 legte Mutter Teresa in Allahabad den Grundstein zum Institut für Gandhi-Studien. Sie hatte diese Aufgabe übernommen, weil sie hoffte, dass alle, die sich zu jenem Zeitpunkt mit Mahatma Gandhis Werk beschäftigten und dies auch in Zukunft tun würden, ihr Leben dem Ziel widmen würden, „das Geschenk Gottes zu verbreiten, das Gandhi gegeben wurde". Als sie gebeten wurde, einige Worte zu sprechen, forderte sie die Studenten und Lehrer auf, ein Gebet mit ihr zu sprechen, ein Gebet, das Mahatma Gandhi ihrer Meinung nach oft gesprochen haben musste:

> Mach uns würdig, Herr,
> Unseren Mitmenschen auf der ganzen Welt zu dienen,
> Die in Armut und Hunger leben und sterben;
> Gib ihnen heute durch unsere Hände ihr tägliches Brot
> Und gib Frieden und Freude durch das rechte Verständnis der Liebe.

Sie sagte weiter: „Gandhi liebte sein Volk, wie Gott ihn liebte, und er sagte: ‚Wer den Armen dient, dient Gott.' Am meisten berührt mich seine Gewaltlosigkeit und auch, dass er den Dienst an den Armen mit der Liebe zu Gott vergleicht. Ich verstehe Gandhis Gewaltlosigkeit in dem Sinne, dass es nicht nur darum geht, keine Bomben und Gewehre einzusetzen, sondern dass wir vor allem Liebe und Frieden und Mitleid in unseren Familien schaffen sollen. So kann Gewaltlosigkeit sich auch außerhalb unserer Familien verbreiten."

Als Mutter Teresa die große Zahl junger Menschen in der Menge sah, widmete sie ihnen eine besondere Botschaft:

„Heutzutage haben junge Menschen nur ein Ziel, nämlich alles oder nichts zu geben. Gandhis Gewaltlosigkeit ist nichts anderes als Liebe für sein Volk. Ich hoffe, dass die jungen Menschen Gandhis Gefühl der Liebe verstehen werden und dass sie sich, genau wie er, hingeben werden, um Liebe und Frieden zu verbreiten durch Werke der Liebe, die sie für einander tun.

Lasst uns Gandhis Lehre in unsere eigenen Häuser tragen und unsere Häuser und unsere Nachbarschaft zum Hort von Liebe, Frieden und Freude machen. Die Freude, nützlich zu sein, müssen wir miteinander teilen."

Intermezzo in Rotterdam: Teil 1

Mutter Teresa eröffnete 1977 ein neues Haus in Rotterdam. Die Schwestern hatten keine Schwierigkeiten, sich an ihre neue Umgebung zu gewöhnen. Ein Raum wurde sofort in eine sehr hübsche, aber einfache Kapelle verwandelt. Drei Vasen mit Tulpen schmückten den Altar. Der Bischof zelebrierte die Messe in Englisch und freute sich, nach der Messe die Gelegenheit zum Gespräch mit Mutter Teresa zu haben. Er stellte ihr viele Fragen, wie etwa, was von den Kandidatinnen erwartet werde, die ihrem Orden beitreten möchten.

„Sie sollten sich aus dem richtigen Grund bewerben, nämlich um Jesus zu dienen, indem sie den Armen dienen. Sie sollten etwas über unsere Lebensweise wissen. Sie sollten gesund sein, ein gesundes Urteilsvermögen besitzen und moralisch gefestigt sein."

Dann stellte der Bischof Mutter Teresa eine persönliche Frage: Er hatte gehört, dass sie nachts nur drei Stunden schlief. Der Bischof fand das ungewöhnlich und hatte vielleicht auch seine Zweifel. Er fragte Mutter Teresa, wie sie das schaffe und warum sie es tue.

„Ich muss. Die Nacht ist die einzige Zeit, in der ich an meine Schwestern denken und die Arbeit planen kann."

Er stellte dann die oft wiederholte Frage – was und wer komme nach Mutter Teresa?

Ihre Antwort war, wie immer: „Es wird keine Schwierigkeiten geben. Gott wird einen Menschen finden, der bescheidener ist, ihm besser gehorcht, zuverlässiger ist, jemanden, der demütiger ist und einen tieferen Glauben hat, und er wird Größeres mit ihm vollbringen."

Intermezzo in Rotterdam: Teil 2

Nachdem nun der Bischof das Eis gebrochen hatte, vertraute er Mutter Teresa und stellte weitere Fragen. Er musste einen Zeitungsartikel über die Zukunft der katholischen Kirche schreiben. Würde es weibliche Priester geben? Würde es Priestern gestattet sein zu heiraten? Zu der ersten Frage sagte Mutter Teresa: „Jesus machte seine Mutter nicht zu einem Priester. Wenn er keine Frauen als Priester einsetzte, warum sollten wir es tun?" Und über die Zukunft der Kirche äußerte sich Mutter Teresa so: „Die Zukunft liegt nicht in unseren Händen. Wir haben keine Macht über sie. Wir können nur heute handeln." Sie zitierte einen Satz aus den Regeln der „Missionarinnen der Nächstenliebe":

„Wir werden dem gütigen Gott die Pläne für die Zukunft überlassen – denn das Gestern ist vorbei, das Morgen ist noch nicht da und wir haben nur das Heute, um Gott bekannt zu machen, ihn zu lieben und ihm zu dienen."

Eine Gebetskarte für den Präsidenten von Indien

Mutter Teresa war eine der wenigen Personen – wenn nicht sogar die einzige –, die den jeweiligen Präsidenten von Indien in Neu-Delhi treffen konnte, ohne sich vorher anzumelden. Sie ging einfach in die Residenz des Präsidenten, Rashtrapati Bhavan, und ließ sich melden. Sie wurde sofort empfangen.

Worüber der Präsident und sie sprachen oder welchen Rat sie erteilte, verriet sie nicht. Aus einem besonderen Anlass erzählte sie jedoch einigen Freunden von einem öffentlichen Empfang, der in der Hauptstadt für sie gegeben wurde, ehe sie Indien verließ, um den Friedensnobelpreis entgegenzunehmen. Sie ging auf den Empfang nicht näher ein, aber sie war begeistert über ihr Zusammentreffen mit Präsident Neelam Sanjiva Reddy an diesem Tag.

„Ich ging zur Residenz Rashtrapati Bhavan, um den Präsidenten von Indien zu besuchen. Als er mich empfing, holte er aus seiner Jackentasche eine Karte, auf die ich das Gebet von Newman geschrieben hatte: ‚Jesus, leuchte durch mich', das wir jeden Tag in der Kapelle sprechen. Ich hatte es ihm bei einem anderen Treffen gegeben und ihm gesagt, er solle es in schwierigen Situationen sprechen.

Mit der Karte in der Hand erzählte er mir: ‚Ich spreche das Gebet, und es gibt mir Trost in anstrengenden und schwierigen Zeiten.'"

Inderin aus freier Wahl

Mit Mutter Teresa konnte man über alles und jedes sprechen, ohne dass sie schockiert oder überrascht gewesen wäre. Manche Menschen wären über einige der Fragen, die ihr gestellt wurden, vielleicht entrüstet gewesen, doch nicht Mutter Teresa. Sie antwortete mit einem Lächeln, auch wenn sie sich der Provokation, die in der Frage steckte, oft vollkommen bewusst war.

1979, als Mutter Teresa den Friedensnobelpreis erhielt, veranstalteten viele staatliche und nicht-staatliche Organisationen Empfänge, um ihr zu gratulieren. In Kalkutta, ihrer Stadt, gab die Regierung von West-Bengalen ihr zu Ehren einen Empfang im Freien, den die Stadtverwaltung ausrichtete. Der Chefminister leitete den Empfang. Fernsehteams aus vielen Ländern und Hunderte von Fotografen und Journalisten „schossen" fortwährend Bilder von dem Hauptgast.

Nach dem Empfang sagte ein Journalist: „Mutter, Sie müssen sich jetzt als Weltbürgerin fühlen." Mutter Teresa antwortete: „Ich bin Staatsbürgerin von Indien."

Ein anderer Journalist griff ihre Antwort auf und fragte sie: „Betrachten Sie sich wirklich als Inderin?"

Die kleine, mit einem Sari bekleidete Gestalt, die in eine übergroße marineblaue Strickjacke gehüllt war, erwiderte: „Ja, und ich fühle indisch bis in die tiefsten Tiefen meiner Seele, aber es gibt einen Unterschied." Und indem sie den Inder ansprach, der die

Frage gestellt hatte, sagte sie: „Sie sind zufällig Inder, nämlich durch Geburt; ich dagegen bin Inderin aus freier Wahl."

Der größte Zerstörer des Friedens

1994 schrieb Mutter Teresa an ihre Mitarbeiter in Kalkutta, dass sie zum „National Breakfast" eingeladen gewesen sei, das jedes Jahr in Washington abgehalten wird. Sie legte eine Kopie ihrer Rede bei. Da Mutter Teresa ihre Reden zu den verschiedensten kleinen oder großen Anlässen niemals selbst aufschrieb, konnte sie nur durch eine Tonbandaufnahme, die ihr jemand zugesandt hatte, in den Besitz des Textes gelangt sein.

Vor dem Treffen hatte Mutter Teresa ihre Freunde gebeten, auf jeden Platz ein bedrucktes Blatt Papier zu legen. Es war das Friedensgebet im Geist des Franz von Assisi. Als Mutter Teresa mit ihrer Rede an die Reihe kam, bat sie die Zuhörer, die Zettel mit dem Gebet in die Hand zu nehmen und gemeinsam zu beten.

„Es war wunderbar, die fünftausend Stimmen vereint im Gebet zu Gott zu hören. Dann sprach ich über den größten Zerstörer des Friedens in der Welt heute – die Abtreibung, weil sie Krieg gegen das Kind ist, ein direktes Töten des unschuldigen Kindes, ein Mord durch die Mutter. Und wenn wir akzeptieren, dass eine Mutter sogar ihr eigenes Kind töten kann, wie können wir dann anderen Menschen sagen, sie dürften einander nicht töten?

Wie überzeugen wir eine Frau, dass sie eine Abtreibung nicht durchführen lassen darf? Wie immer müssen wir sie mit Liebe überzeugen, und wir müssen uns selbst daran erinnern, dass Liebe bedeutet, bereitwillig zu geben, bis es schmerzt.

Der Vater des Kindes, wer er auch sei, muss auch geben bis es schmerzt. Durch eine Abtreibung lernt die Mutter nicht zu lieben, sondern tötet ihr eigenes Kind, um ihre Probleme zu lösen. Und durch eine Abtreibung wird dem Vater vermittelt, dass er überhaupt keine Verantwortung für das Kind, das er in die Welt gesetzt hat, übernehmen muss. Dieser Vater wird wahrscheinlich andere Frauen in die gleiche Schwierigkeit bringen. So führt eine Abtreibung nur zu mehr Abtreibungen.

Ein Land, das Abtreibung akzeptiert, lehrt seine Menschen nicht zu lieben, sondern Gewalt auszuüben, um das zu bekommen, was sie haben möchten. Deshalb ist Abtreibung der größte Zerstörer von Liebe und Frieden."

Kinder verbreiten Freude

Mutter Teresa sprach in den Vereinigten Staaten zu einer Gruppe von Menschen. Sie begann damit, dass sie ihnen erzählte, sie habe mit der First Lady über ihr Konzept gesprochen, Abtreibung durch Adoption zu bekämpfen – indem für die Mutter gesorgt wird und liebevolle Pflegeeltern für ihr Baby gesucht werden. Fast im gleichen Atemzug erzählte sie ihnen: „Ich bat sie darum, uns ein Haus zu geben, in dem wir jungen Frauen helfen können, die ihr Baby zur Adoption frei geben möchten."

Sie erzählte ihnen dann von einer Initiative der „Missionarinnen der Nächstenliebe": „Wir haben Tausende von Leben gerettet. Wir haben eine Nachricht an Kliniken, Krankenhäuser und Polizeistationen gesandt: ‚Bitte bringen Sie das Kind nicht um; wir werden es nehmen.'"

Sie sprach über Shishu Bhavan, ihr Heim für obdachlose Kinder in Kalkutta, und lächelte, als sie in die ernsten Gesichter ihrer Zuhörer schaute: „Unser Haus ist voll, voll mit Kindern; und die Menschen machen darüber einen Witz. Sie sagen: ‚Mutter Teresa spricht immerzu über Familienplanung, aber sie selbst hält sich nicht daran. Von Tag zu Tag hat sie mehr Kinder.'" Alle lächelten.

„Wir haben immer jemanden, der zu den Müttern, die in Schwierigkeiten sind, sagt: ‚Komm, wir werden für dich sorgen, wir werden für dein Kind ein Zuhause finden.‘ Und wir haben eine große Nachfrage von Paaren, die selbst kein Kind haben können. Jesus hat gesagt: ‚Jeder, der ein Kind in meinem Namen empfängt, empfängt mich.‘

Ich kann Ihnen gar nicht schildern, was ein Kind in diese Familien gebracht hat, die selbst keine Kinder haben können. Denken Sie an die Einsamkeit dieser Familien! Und von dem Augenblick an, in dem das Kind in ihr Leben kommt, verbreiten sie Freude.

Ich kann niemals vergessen, wie ich ein Kind in eine Familie gab und nach einigen Monaten hörte, dass das Kind sehr, sehr krank geworden war. Ich ging zu der Familie und sagte ihnen: ‚Geben Sie mir das Kind zurück. Ich werde für das kranke Kind sorgen und Ihnen ein anderes, gesundes Kind geben.‘ Der Vater blickte mich an und sagte: ‚Mutter, nehmen Sie lieber mein Leben als das Kind.‘“

Keine Scheu vor großen Hunden

Das fünfundzwanzigjährige Bestehen einer Oberschule in Sahebganga wurde begangen, und Mutter Teresa war dabei und sollte die Hauptfeier leiten.

Die Nachricht, dass Mutter Teresa anwesend sein und eine Rede halten werde, verbreitete sich schnell. Bald waren viele Menschen da, die ihr zuhören wollten. Die Aula konnte sie gar nicht alle fassen, und so wurde ihnen gesagt, sie sollten in den Park gehen. Mutter Teresa werde dort sprechen. Mutter Teresa tat das bereitwillig. Später ging sie mit den Lehrern in die Schule zurück, um dort Tee zu trinken.

Der Priester, der jeden Tag die Messe für die Schwestern las, brachte immer seinen Schäferhund mit, doch die Oberin erlaubte dem Hund nie, das Haus zu betreten. Als Mutter Teresa in das Haus zurückkam, ging sie in den Empfangsraum und traf sich mit den Schwestern. Während sie Tee tranken, kam der Priester herein; der Hund folgte ihm und schlüpfte ebenfalls ins Zimmer. Die Oberin stand auf und wollte ihn hinausjagen, doch der Hund legte sich vor Mutter Teresa auf den Boden. Teresa rief: „Was für ein lieber Hund!" und hielt ihn in ihren Armen und küsste ihn. Wie üblich trug Mutter Teresa den Sieg davon, und der Hund blieb während des Tees in ihrer Nähe.

Vom nächsten Morgen an durfte der große Schäferhund in das Haus, weil Mutter Teresa ihn gesegnet hatte.

Das letzte Wort

Wie überall in der Welt, sprach Mutter Teresa auch in Japan über die Berufung hunderter junger Frauen, die ihre Familien verließen und ihrem Orden beitraten. Dieser Gedanke beschäftigte Herrn Hideki Izumi vielleicht am meisten, als er ihr eine Frage über ihre Familie stellte.

Herr Izumi setzte damit an, dass er Mutter Teresa erzählte, er habe zwei Töchter, die eine acht und die andere dreizehn Jahre alt, und er wäre sehr unglücklich, wenn eine der Töchter ein religiöses Leben begänne.

Mutter Teresa sagte: „Eine Berufung ist nicht das Werk menschlicher Hände. Sie ist eine Angelegenheit zwischen Gott und Ihren Töchtern" und fügte hinzu: „Wenn Sie zwei Töchter haben, müssen Sie beten, dass Gott eine dazu beruft, ihm zu gehören. Das ist das größte Geschenk, das Gott einer Familie machen kann ... wenn Gott Ihren Sohn oder Ihre Tochter in seinen Dienst beruft, dann sind Sie gesegnet."

Wohl wissend, was ihrem Zuhörer durch den Kopf ging, lächelte Mutter Teresa ihn an und sagte: „Gott hört immer auf meine Gebete."

Herr Izumi rief aus: „Oh! Das wäre der Untergang meiner Familie!"

Mutter Teresa fuhr fort zu lächeln und neckte ihn vorsichtig: „Sie können nach Kalkutta kommen und sie besuchen."

Herr Izumi ging auf den Scherz nicht ein und wiederholte immer wieder, dass so etwas in seiner Familie größte Probleme verursachen würde. Er sagte: „Ich kann mir nur schwer vorstellen, dass eine Familie glücklich ist, wenn eine ihrer Töchter in einen Orden eintritt", und platzte mit seiner Frage heraus: „Ich würde gern wissen, wie es in Ihrer eigenen Familie war."

Mutter Teresa antwortete: „Ich hatte eine sehr glückliche Familie. Und es war für meine Mutter auch sehr schwer, mich wegzugeben, aber sie tat es. Dies ist das Opfer. Wenn Ihre Tochter heiratet und weggeht, dann werden Sie Ihre Tochter auch weggeben müssen. Statt sie nun irgendjemandem zu geben, geben Sie sie Gott. Das ist der Unterschied. Wir haben in unserem Orden fünfunddreißig Nationalitäten. Wir sind über zweitausend Schwestern."

Und mit einem Zwinkern ihrer liebevollen blauen Augen setzte sie hinzu: „Also, zweitausendundeine!"

Mutter Teresa, möchtest du mich haben?

Zu ihren freiwilligen Helfern in den reichen Ländern der Erde sprach Mutter Teresa von einer anderen Art von Armut als der, die sie täglich in Indien erlebte – der Armut des Geistes. Sie sagte: „Heimatlosigkeit gibt es nicht nur bei den Menschen, die auf den Straßen von Kalkutta, Rom und vielen anderen Orten schlafen. Auch San Francisco gehört dazu, wo ungefähr fünftausend Menschen nachts auf den Straßen schlafen sollen. Es geht nicht nur darum, kein Dach über dem Kopf zu haben, sondern auch darum, dass diese Menschen zurückgewiesen werden, nicht gewollt, nicht geliebt und nicht versorgt werden. Wir leben in einer Wegwerfgesellschaft. Und wir haben so viele Menschen, die weggeworfen worden sind.

Ich werde niemals das kleine Kind vergessen, das gegen Mitternacht an unsere Tür klopfte, lauthals weinte und sagte: ‚Ich bin zu meinem Vater gegangen, mein Vater wollte mich nicht. Ich bin zu meiner Mutter gegangen, meine Mutter wollte mich nicht. Möchtest du mich haben?'

Natürlich wollte ich ihn sehr gern haben, denn der Kleine war sehr verletzt."

Ein Ehrenschwert für Mutter Teresa

Mutter Teresa erläuterte ihren Zuhörern, wie die Arbeit ihrer Mission in der arabischen Welt aufgenommen wurde.

„Wir arbeiten in verschiedenen islamischen Ländern. Im Jemen gibt es drei Orte, an denen wir arbeiten. Die Regierung hat uns für die Rehabilitation von Leprakranken einen ganzen Berg zur Verfügung gestellt und die erforderlichen Gebäude errichtet. Es ist eine sehr schwierige Arbeit, aber es ist wunderbar, dass sie die christliche Liebe verstehen lernen, wenn sie die Hingabe der Schwestern beobachten. Der Premierminister war sehr dankbar für die gute Arbeit der Schwestern, und als Zeichen seiner Dankbarkeit beschenkte er mich mit dem „Ehrenschwert", ihrer höchsten Auszeichnung.

Er äußerte auch die Bitte, dass unsere Schwestern dort eine Schule für die Mädchen der Oberschicht eröffneten. Ich sagte ihm, dass wir nur für die ganz Armen und die Leidenden arbeiten und keine Bezahlung annehmen. Da er vielleicht unser Gelübde nicht verstanden hatte, sagte ich: ‚Wir haben Gott unser Wort gegeben; wenn man sein Wort gibt, muss man es halten, nicht wahr?' ‚Ja', erwiderte er, ‚wenn man sein Wort gibt, muss man es halten.'

Wir haben auch ein Heim für die Sterbenden gegründet. Der Gouverneur von Hodeidah sandte einen Brief nach Rom, in dem er schrieb: ‚Das Wirken der

Schwestern hat ein neues Licht im Leben unserer Menschen entzündet.'"

Taten, nicht Worte

Die Kritik, der sich Mutter Teresa besonders in nichtchristlichen Ländern ausgesetzt sah, bestand darin, dass das eigentliche Ziel ihrer Arbeit das Werben neuer Anhänger sei. Die Hindupriester eines Kalitempels waren nicht sehr glücklich darüber, dass Mutter Teresa und die Schwestern ihre Arbeit in Nirmal Hriday in Kalighat in der Nähe des Tempels aufnahmen. Dann geschah jedoch etwas, das einen vollständigen Gesinnungswandel mit sich brachte.

Mutter Teresa hörte, dass einer der Priester des Tempels im Sterben lag; er hatte eine ansteckende Krankheit und niemand wollte ihn berühren. Sie kam, nahm seinen ausgemergelten Körper in ihre Arme und brachte ihn in ihr Heim.

Die Menschen aus der Nachbarschaft baten sie zu bleiben. Ein Hindupriester des Tempels sagte mit gefalteten Händen zu ihr: „Dreißig Jahre lang habe ich die Göttin Kali in Stein gemeißelt verehrt, aber heute steht Mutter Teresa lebendig vor mir."

Eine Sprache, die alle verstehen

Mutter Teresa nahm die Einladung des Bischofs von Venezuela an, in das südamerikanische Land zu kommen und sich den schlimmen Zustand einer Gemeinde ohne Landbesitz anzusehen. Sie beschloss, ihre erste Mission außerhalb Indiens in Cocorote in Venezuela im Jahr 1965 zu eröffnen. Die Schwestern schlugen einen Atlas auf, um den Ort auf der Karte zu suchen. Mutter Teresa betrachtete sie amüsiert und sagte: „Wenn es arme Menschen auf dem Mond gibt, werden wir auch dorthin gehen." Sie wusste, dass die Kosmonauten dort schon angekommen waren.

Sie wählte vier indische Schwestern für den Einsatz in Venezuela aus. Sie waren begeistert, aber auch aufgeregt und fragten: „Wie werden wir in einem neuen Land zurechtkommen, dessen Sprache und Sitten wir nicht kennen?"

Mutter Teresa beschwichtigte ihre Ängste und Zweifel. Sie sagte: „Habt keine Angst. Ihr sprecht eine Sprache, die alle Menschen verstehen, die Sprache der Nächstenliebe."

Wo Engel keinen Schritt fürchten

Mutter Teresa hatte drei Häuser in Rom, doch sie hatte ihr ganzes Herz an ein Haus innerhalb der Mauern des Vatikans gehängt. Sie erzählte Papst Johannes Paul II. von ihrem sehnlichen Wunsch, und bei einem späteren Besuch brachte sie wiederum das Gespräch auf dieses Thema. Schließlich folgte er ihrem Wunsch und ließ einen geeigneten Platz für ein Haus für Mutter Teresa suchen. Man sagt, dass er sich gelegentlich nach dem Entwurf des Hauses erkundigte. Er wusste, dass Mutter Teresa ihn bei ihrem nächsten Besuch wieder daran erinnern würde. Vor ihrem vierten Besuch im Jahre 1988 vergewisserte er sich deshalb, dass ihr der Schlüssel des neuen Gebäudes übergeben wurde, ehe sie ihn danach fragen konnte.

Mit einem Augenzwinkern erzählte Mutter Teresa die Geschichte vom triumphalen Einzug der Armen in den Vatikan.

„Im Vatikan, das ist so wunderbar, haben wir eine Bleibe für siebzig Frauen und eine Suppenküche für Männer. Das ist ein wunderbares Geschenk an den Heiligen Petrus. In all den Jahren konnte hier niemand umhergehen, ohne von der Polizei und den Wachen angehalten zu werden, doch jetzt können unsere Armen überall hingehen, ohne Eintrittskarte.

Als wir so weit waren, dass wir in den Vatikan einziehen konnten, ließ ich mir den Entwurf für die Casa Dono di Maria vom Papst unterzeichnen. Denn sonst hätte das niemand anerkannt, nicht einmal die Kardinäle. Sie hätten gesagt: ‚Dies ist der Vatikan! Und Sie kommen hierher?'"

Als sie diese Worte dann tatsächlich sagten, zeigte sie ihnen zum Beweis den Plan, der vom Papst unterzeichnet war.

Mutter Teresa war glücklich. Sie sagte: „Es ist wirklich wunderbar, dass wir unser Heim hier haben", und fügte mit fast kindlicher Einfachheit hinzu: „Der Papst schickt uns Essen, wenn es ihm möglich ist."

Sie konnte es nicht lassen, ihren Zuhörern zu sagen: „Wissen Sie, wer dem Heim im Vatikan das allererste Geschenk machte? Die Kinder von London. Es waren 123 englische Pfund, gespendet von acht- und neunjährigen Kindern."

„Haben Sie ein Eignungszeugnis, Mutter Teresa?"

Man hatte Mutter Teresa gewarnt, dass es nicht einfach sein werde, ein Haus in Äthiopien aufzubauen, aber sie ließ sich nicht beirren. Man sagte ihr, dass es vielen Organisationen nicht erlaubt worden sei, dort zu arbeiten. Doch die Not der verhungernden Kinder dieses Landes zog ihr das Herz zusammen. „Wir müssen dorthin gehen", sagte sie zu den Schwestern.

Mutter Teresa traf mit ihren Schwestern in Addis Abeba ein, verschaffte sich selbst einen Überblick über die Situation und setzte dann alle Mittel in Bewegung, um eine Audienz beim Kaiser zu erhalten. Sie freundete sich mit einem nahen Verwandten von Kaiser Haile Selassie an, aber der Minister am kaiserlichen Hof, dem die Kontrolle unterstand, hielt Mutter Teresa auf. Er begann seine Untersuchung mit der Frage, was sie von der Regierung wolle.

„Nichts", antwortete sie ein wenig überrascht, „ich wollte nur anbieten, dass meine Schwestern unter den armen leidenden Menschen arbeiten können."

Er erzählte ihr, dass eine große Hungersnot das Land überzogen habe und Tausende von Männern, Frauen und Kindern an Unterernährung stürben. „Was werden Ihre Schwestern tun?" fragte er.

Mutter Teresa antwortete: „Wir geben den Ärmsten der Armen von ganzem Herzen kostenlose Hilfe."

Etwas verwirrt von ihrer Antwort fragte der Minister: „Welche Eignungszeugnisse haben Sie vorzuweisen?"

Ohne das geringste Zögern sagte Mutter Teresa: „Wir bringen den Menschen Liebe und Mitleid."

Der Minister konnte sich nicht mehr länger zurückhalten und fragte sie geradeheraus: „Halten Sie vor den Menschen eine Predigt und versuchen Sie, sie zu bekehren?"

Mutter Teresa blickte ihm in die Augen und lächelte ihn glückstrahlend an: „Unsere Werke der Liebe zeigen den leidenden Armen, dass Gott sie liebt."

Der Minister war sprachlos. Er sicherte Mutter Teresa eine Audienz bei Kaiser Selassie zu. Als sie zu ihm geführt wurde, sagte der Kaiser: „Ich habe von Ihrem guten Werk gehört. Ich freue mich, dass ich Ihren Schwestern erlauben kann, nach Äthiopien zu kommen."

So eröffnete Mutter Teresa 1973 ihr erstes Heim in Äthiopien. Ein Jahr später wurde Selassie abgesetzt, aber die Schwestern blieben.

Das Geschenk des Bettlers

Die Anforderungen an Mutter Teresas Zeit waren enorm – Anfragen kamen von einzelnen Personen oder Gruppen, besonders in den letzten beiden Jahrzehnten ihres Lebens. Ihre Anwesenheit zu jeder Gelegenheit, sei es beim Durchschneiden von Bändern oder beim Anzünden von Lampen zur feierlichen Eröffnung von Ausstellungen oder Seminaren, von Sportfesten oder Versammlungen, war immer von großer Anziehungskraft, und die Organisatoren schmückten sich gern mit ihrer Gegenwart.

1980 wurde Mutter Teresa gebeten, während der Feierstunde anlässlich der Verleihung der Diplome an der Universität Kurukshetra zu sprechen. Wie es ihre Art war, betete Mutter Teresa laut, dass all die jungen Männer und Frauen, die graduiert hatten, „nicht nur ein Stück Papier bei sich trügen, sondern Liebe, Frieden und Freude".

Sie sagte: „Vergesst eure Schwestern und Brüder nicht. Ihr habt etwas bekommen, aber nicht um es zu behalten, sondern um es mit anderen zu teilen. Das heißt, nicht einfach von eurem Überfluss zu geben, sondern zu geben, bis es schmerzt. Es kommt nicht darauf an, wie viel ihr gebt, sondern mit wie viel Liebe ihr es gebt."

Aus ihrem großen Schatz an wahren Geschichten erzählte Mutter Teresa ihnen eines ihrer bewegendsten Erlebnisse.

„In Kalkutta kam ein Bettler zu mir und sagte: ‚Mutter Teresa, jeder gibt Ihnen etwas. Ich möchte Ihnen auch etwas geben. Ich habe nur diese Zehn-Paise-Münze*, nehmen Sie sie an?‘"

Mutter Teresa war in einem Zwiespalt. Sie sagte: „Ich wusste, wenn ich das Geld annähme, würde er hungrig sein, und wenn ich es nicht nähme, würde er verletzt sein. Also streckte ich meine Hand aus und nahm sein Geschenk."

Für Mutter Teresa war das Scherflein des Bettlers größer als das „Oslo-Geschenk" – der Nobelpreis –, weil der Bettler, wie sie sagte, „alles gab, was er besaß" und sie „die Freude des Gebens auf seinem Gesicht sah".

---

* Paise: Indische Währung: 1 indische Rupie = 100 Paise.

Der Beitrag eines Londoner Taxifahrers

Das Zentralkomitee der Mitarbeiter von Mutter Teresa in Großbritannien hielt ein Treffen in der „Brompton Oratory Parish Hall“ in London ab. Der Ehrenwerte Schatzmeister, der außerhalb Londons lebte, kam am Bahnhof Waterloo Station an und nahm sich ein Taxi, das ihn zu dem Veranstaltungsort bringen sollte. Er bat den Fahrer, sich zu beeilen, da er um 10 Uhr im „Brompton Oratory“ sein müsse. Es war ein Mittwoch, und der Fahrer war ein wenig überrascht. „Mein Herr, ich bin zwar daran gewöhnt, dass die Leute am Sonntag in die Kirche eilen, doch jetzt bin ich zum ersten Mal gebeten worden, jemanden an einem Mittwoch pünktlich zur Kirche zu bringen“, sagte er.

Der Herr erklärte ihm, dass er nicht zum Gottesdienst gehe, sondern zu einem Treffen zur Unterstützung einer Wohlfahrtseinrichtung. Der Fahrer fragte höflich, um welche Wohlfahrtseinrichtung es sich handele.

„Es ist die wohltätige Stiftung von Mutter Teresa und ihren Schwestern“, sagte der Fahrgast.

Als das Taxi an seinem Bestimmungsort angekommen war, weigerte sich der Fahrer, das Fahrgeld anzunehmen. „Bitte tun Sie es in die Kollekte“, sagte er.

Sobald der Schatzmeister die Parish Hall betrat, erzählte er den Delegierten von seinem Erlebnis und steckte das Fahrgeld, das sich auf ein Pfund und dreißig Pence belief, in die Sammeldose.

In Lourdes

Die Geschichte des Schatzmeisters beeinflusste die Stimmung auf dem Treffen im „Brompton Oratory" und bewog auch andere Anwesende, von Taten der Liebe zu berichten, die von Kindern, einzelnen Menschen oder Gruppen, Armen und Reichen vollbracht worden waren. In allen Fällen wurde die Anonymität der Personen gewahrt.

Ein Delegierter war auf eine Pilgerreise nach Lourdes gegangen und hatte in der Grotte der Madonna von Lourdes eine große Kerze dargebracht. Als er am Abend mit anderen Pilgern zusammensaß, kam ein Mann auf ihn zu und sagte: „Arbeiten Sie nicht für Mutter Teresa?" und ehe er antworten konnte, gab der Mann ihm einen Scheck über £ 3500.

Der Delegierte überreichte dem Schatzmeister den Scheck. Er erfuhr, dass dies genau die erforderliche Summe sei, mit der für Mutter Teresa eine Rechnung über die Verschiffung von Lebensmitteln bezahlt werden könne.

„Wenn ich das nächste Mal nach Lourdes gehe, werde ich der Madonna eine noch größere Kerze darbringen", schloss er.

Kleine Wunder

Desmond Doig war einer der ersten Journalisten, die über Mutter Teresa schrieben. Er hat mehr als zwei Jahrzehnte lang mit Mutter Teresa in Kalkutta gearbeitet.

Sein Buch begann mit der Beschreibung eines Gebetes in der Kapelle an einem Abend, als der elektrische Strom ausgefallen war und der Gottesdienst bei Kerzenlicht stattfand. Mutter Teresa bestand darauf, dass das Buch nur von ihrer Arbeit und ihren Menschen handeln sollte, und so wählte Doig unter mehreren passenden Titeln, die er im Sinn hatte, den schlichtesten aus: *Mother Teresa: Her People and Her Work* („Mutter Teresa: Ihre Menschen und ihre Arbeit").

Auf der Suche nach Stoff für sein Buch musste Doig Mutter Teresa und ihren Schwestern in den heißen Sommermonaten vom frühen Morgen an folgen. Es war anstrengend, aber es gab auch einige unerwartet schöne Erlebnisse.

Der Sommer wich dem Monsun, und Doig setzte sich hin, um das Buch zu schreiben. Eine kühle Brise wehte durch das offene Fenster seiner Wohnung. Er hatte die erste Seite gerade zu Ende geschrieben, als ihm seine Verabredung mit Pater Henry einfiel, einem wichtigen Menschen im spirituellen Leben der „Missionarinnen der Nächstenliebe". Er ließ seine Papiere liegen und eilte zu dem Treffen. Als er zurückkehrte, goss es in Strömen. Die erste Seite des Buches, die er geschrieben hatte, bevor er hinausstürzte, war aus dem Fenster geweht worden. Er begann zu suchen, aber von der ersten Seite des Manuskriptes fehlte jede Spur. Gerade als er mit dem Schreiben von vorn beginnen wollte, klingelte es an der Tür. Es war der Pförtner, er hielt die fehlende Seite in der Hand. Sie war völlig trocken. Er hatte sie an sich genommen, als sie auf ihn zugeweht wurde. Doig dachte, dass dies eben eines von Mutter Teresas kleinen Wundern sei.

Eine Verwandlung

Eines Morgens erschien ein bekannter Fotograf in Nirmal Hriday. Er sollte Aufnahmen für ein Buch über die Arbeit von Mutter Teresa und ihren Schwestern machen. Doch plötzlich legte er seine Kamera beiseite und setzte sich neben eine alte und runzlige Frau, die weinte. Die Frau blickte ihm gespannt ins Gesicht und fragte ihn: „Bist du es, mein Sohn?"

Da er sie nicht enttäuschen wollte, erwiderte er spontan: „Ja, Mutter, ich bin es."

Die Frau sagte: „Ich dachte, du würdest nie mehr kommen."

„Jetzt bin ich da. Mach dir keine Sorgen mehr", beruhigte er sie.

Die alte Frau zog ihren neu gefundenen „Sohn" an sich und küsste ihn. „Gott segne dich, mein Sohn", sagte sie, „nun kann ich glücklich sterben."

Auf dem Rückweg im Auto konnte der Fotograf es kaum erwarten, Mutter Teresa von der Verwandlung zu erzählen, die in ihm stattgefunden hatte. Er sagte zu ihr: „Ich habe nicht an Gott geglaubt, aber jetzt glaube ich."

Eine Partnerschaft in Gedanken

In Minneapolis lebte eine Frau, die auf Grund einer Krankheit ständig unter Krämpfen litt. Sie suchte Mutter Teresa auf und fragte sie: „Was können Menschen wie ich für andere tun?"

Mutter Teresa sagte ihr: „Sie können sehr viel tun. Sie können mehr als jeder andere tun, denn Ihr Leiden ist verbunden mit dem Leiden von Christus am Kreuz und gibt uns allen Kraft. Eine gewaltige Kraft wächst in der Welt durch dieses unablässige Teilhaben, das gemeinsame Beten und das gemeinsame Arbeiten."

Kranke und verkrüppelte Menschen fühlen sich oft nutzlos und als eine Last für die Gesellschaft; sie meinen, sie könnten nichts tun, um an der Arbeit teilzunehmen. Mutter Teresa dachte nach und betete und bot eine Lösung an, von der alle Beteiligten etwas haben würden. Sie bat ihre aktiven Mitarbeiter, „einen kranken Bruder-Mitarbeiter oder eine kranke Schwester-Mitarbeiterin zu adoptieren" und ihn oder sie in Gedanken in ihre Arbeit mit einzubeziehen. Diese mystische Partnerschaft erwies sich als eine Quelle großer Kraft für beide Teile. Die Partner nannten sich gegenseitig ihr „zweites Ich".

Mutter Teresa „adoptierte" ein zweites Ich in Belgien, und jedes Mal, wenn sie etwas Besonderes oder etwas Schwieriges tun musste, sagte sie: „Sie, die hinter mir steht, gibt mir all die Kraft und den Mut für das, was ich tue. Mein zweites Ich macht den schwierigsten Teil der Arbeit für mich."

In einer besonders schweren Zeit für Mutter Teresa sagte ihr zweites leidendes Ich, das sich gerade zum siebzehnten Male einer Operation unterziehen musste, zu ihr: „Gewiss wirst du mit all dem Laufen und Arbeiten und Reden eine schwere Zeit haben. Ich weiß das durch den Schmerz, den ich in der Wirbelsäule spüre."

Bei der UNO

Mutter Teresa bekam anlässlich der Feierlichkeiten zum vierzigjährigen Bestehen der Vereinten Nationen in New York einen prächtigen Empfang.

Im Hauptsaal war der Film *Mutter Teresa* vor einer ausgewählten Versammlung von Diplomaten, Politikern und Industriellen zum ersten Mal gezeigt worden. Am Ende des Films trat Mutter Teresa ans Rednerpult und erhielt stehenden Beifall von den Anwesenden. Dann sagte der Generalsekretär der UNO zu der Versammlung: „Ich stelle Ihnen die mächtigste Frau der Welt vor." Diese Worte sind überliefert.

Wie reagierte Mutter Teresa?

„Es war wunderbar in New York", sagte sie zu einem Priester, „ich brachte sie zum Beten in dem Saal, in dem sie noch nie gebetet hatten. Ich sagte ihnen: ‚Diese wunderbare Organisation wurde vor vierzig Jahren gegründet, um den Frieden in der Welt zu sichern. Es hat keinen Frieden gegeben. Lassen Sie uns zu dem Einen, Einzigen beten, der den Frieden in der Welt sichern kann.' Ich hatte Freunde gebeten, Zettel mit dem Friedensgebet im Geist des heiligen Franziskus von Assisi zu verteilen. Und so führte ich die Versammlung zum Gebet zu dem einen wahren Gott. Ist das nicht wunderbar?"

Dies geschah nicht zum ersten Mal: sie hatte das gleiche 1979 in Oslo getan, als sie den Friedensnobelpreis erhielt.

Wir sind alle Schwestern und Brüder

Als Mutter Teresa gebeten wurde, auf der Feier zum vierzigjährigen Bestehen der Vereinten Nationen zu sprechen, fasste sie in ihrer Rede ihre Gedanken und Vorstellungen von Gebet, Frieden, Liebe und Freude zusammen. Sie sagte: „Gott liebt uns, und er möchte, dass wir einander lieben, wie er jeden von uns liebt. Er hat uns aus diesem einen Grund geschaffen – zu lieben und geliebt zu werden, aus keinem anderen Grund. Wir sind nicht irgendeine Nummer in der Welt, wir sind ein Kind Gottes.

Während meiner letzten Reise nach China wurde ich gefragt: ‚Was ist für Sie ein Kommunist?' Ich sagte: ‚Ein Kind Gottes, mein Bruder, meine Schwester.' Und genau das sollen wir sein, Brüder und Schwestern. Wenn wir die Freude haben, Gott im anderen zu erkennen, werden wir einander lieben. Darum sollte nicht die Hautfarbe, die Religion, die Nationalität zwischen uns stehen, denn wir alle sind geschaffen von derselben liebenden Hand Gottes."

Eine persönliche Erinnerung

Mutter Teresa sprach nur ungern über sich selbst oder ihre Familie, aber sie wollte denjenigen ihrer Mitarbeiter, die verheiratet waren, deutlich machen, dass ihre Ehepartner und Kinder an erster Stelle standen, und das Beispiel ihrer eigenen Mutter schien ihr am geeignetsten dazu.

„Meine Mutter war den ganzen Tag lang sehr beschäftigt", sagte sie, „aber sobald es Abend wurde, beeilte sie sich sehr, um fertig zu werden und meinen Vater begrüßen zu können. Damals verstanden wir das nicht und lachten über sie und zogen sie auf. Doch jetzt ist mir klar, wie groß und zart ihre Liebe zu ihm war. Was auch am Tag vorgefallen sein mochte, immer begrüßte sie ihn mit einem Lächeln."

Mutter Teresa war sich durchaus bewusst, wie die veränderten Zeiten das Familienleben beeinflusst hatten.

„Heutzutage haben wir keine Zeit mehr. Väter und Mütter sind so beschäftigt, dass niemand ihre Kinder in den Arm nimmt und sie anlächelt, wenn sie aus der Schule nach Hause kommen. Wenn ihr nicht da seid, wie soll dann eure Liebe für einander wachsen?"

Verzichten können

„Eine Frau aus Rajasthan kam zu mir", erzählte Mutter Teresa, „und klagte unter Tränen: ‚Ich habe ein Kind, das drei Jahre alt ist, aber nicht sprechen kann.'

Ich fragte die Frau: ‚Gibt es irgendetwas, das Sie sehr gerne mögen und das Sie aufgeben könnten?' Sie antwortete: ‚Ja, Betelnuss; den ganzen Tag kaue ich Betelnuss.'

‚Also,' sagte ich, ‚geben Sie das Betelnuss-Kauen auf. Bieten Sie es Gott als Opfer an. Sie bitten um einen großen Gefallen, also geben Sie etwas als Gegenwert.'"

Das Opfer der Frau aus Rajasthan trug Früchte. Sie kam später noch einmal zu Mutter Teresa, um sich bei ihr zu bedanken, und berichtete: „Jetzt kann das Kind sprechen."

Zu Besuch im Weißen Haus

Mutter Teresa hielt sich zu einem einstündigen Besuch im Weißen Haus bei Präsident Reagan und seiner Frau auf. Sobald die Reporter anschließend an den Präsidenten herankamen, fragten sie ihn, was er zu Mutter Teresa gesagt habe.

Reagan antwortete: „Wenn man mit Mutter Teresa zusammen ist, hört man zu."

Spirituelle Sehnsucht

Mutter Teresa war eingeladen worden, 1984 im Vatikan auf dem Weltkongress für Tourismus-Seelsorge die Eröffnungsrede zu halten. In ihrer Rede stellte sie die Frage: „Warum reisen die Menschen in der Welt herum? Nur um die Landschaft zu sehen? Darin liegt nicht viel Sinn. Es ist noch etwas anderes. In der heutigen Welt gibt es eine große Sehnsucht nach Gott. Das Reisen ist eine Möglichkeit, diese Sehnsucht zum Ausdruck zu bringen.

Warum kommen die Menschen nach Indien? Weil sie glauben, dass wir in Indien eine tiefe Spiritualität haben, und die möchten sie suchen. Unter den Reisenden sind Hunderte von jungen Menschen, und von ihnen kommen jetzt, Gott sei Dank, viele in unsere Häuser und arbeiten mit uns. In Kalkutta arbeiten sie im Heim für die Sterbenden. Viele von ihnen sind orientierungslos, und so ist es wichtig, dass man ihnen den Weg zeigt.

Ich erinnere mich, dass vor einiger Zeit eine junge Frau von einer Universität in Paris zu uns kam. Sie hatte ihren Eltern gesagt, dass sie vor ihrem letzten Examen gern zu Mutter Teresa gehen und mit ihr arbeiten wolle. So kam sie zu mir nach Kalkutta. Sie sah sehr müde aus. Ihre Augen lächelten nicht. Ich schlug ihr vor, in die Kapelle zu gehen und dort mit den Schwestern zu beten. Sie besuchte regelmäßig das Heim für die Sterbenden. Nach zehn oder zwölf

Besuchen dort kam sie zu mir, schlang ihre Arme um mich und sagte: ‚Mutter Teresa, ich habe Jesus gefunden.'

Ich fragte sie: ‚Wo hast du ihn gefunden?'

‚Im Heim für die Sterbenden', erwiderte sie.

‚Und was tatest du, als du ihn gefunden hattest?', fragte ich.

‚Ich ging zur Beichte und zur Heiligen Kommunion, zum ersten Mal nach fünfzehn Jahren.'

‚Was hast du noch getan?', fragte ich weiter.

‚Ich sandte ein Telegramm an meine Eltern und sagte ihnen, dass ich Jesus gefunden habe.'

Sie war voller Freude und lächelte."

Das Geschenk einer Buddhistin

Eine Buddhistin aus Nepal hinterließ Mutter Teresa, der sie selbst nie begegnet war, nach ihrem Tod ihren gesamten Besitz. Es handelte sich um ein Haus mit einem großen Garten an der Hauproute, die von den Ebenen nach Darjeeling im Himalaya führt. Das Haus war in der Nähe der kleinen Stadt Tindheria gelegen. Der Bischof von Darjeeling erzählte Mutter Teresa von diesem Vermächtnis, als sie dort ihre Häuser besuchte. Doch Mutter Teresa sagte, sie werde das Erbe nicht annehmen, da sie schon vier Häuser in seiner kleinen Diözese habe.

Der Bischof wandte ein, dass es ein schöner Ort für Kinder sei. Es gebe einen großen Spielplatz, die Luft in den Hügeln sei rein und das Klima angenehm. Mutter Teresa wollte das Haus dennoch nicht.

Dann fand der Bischof die richtigen Worte. Er sagte: „Mutter Teresa, es gibt keine Kirche und keinen Ort für ein Gebet an dieser Straße, die von den Ebenen zu der fünfzig Kilometer entfernten Ortschaft Kurseong führt. Wenn Sie ein Haus der „Missionarinnen der Nächstenliebe" eröffnen, dann wird es dort eine Kapelle geben, in der Jesus angebetet wird, und Menschen werden zur Heiligen Messe kommen und die Sakramente empfangen." Dieses Argument überzeugte Mutter Teresa. „Ich werde das Anwesen nehmen", sagte sie.

Nach der Eröffnung des neuen Hauses sagte Mutter Teresa den Schwestern, sie sollten die Babys und kleinen Kinder von Darjeeling, das wegen der Höhe von etwa 2000 Metern im Winter sehr kalt ist, nach Tindheria bringen, das nur 500 Meter hoch liegt.

„Solche Dinge geschehen hier öfters"

Wie an jedem anderen Morgen war man in Shishu Bhavan, Mutter Teresas Zentrum in Kalkutta, betriebsam bei der Arbeit. Schwestern in Schürzen beugten sich über die Betten der Kinder und behandelten die kleinen und größeren Kinder, als seien es ihre eigenen. Eine Schwester nahm ein sehr krankes Kind in ihre Arme. Es bestand wenig Hoffnung, dass es den Tag überleben würde. Mutter Teresas Worte klangen der Schwester in den Ohren: „Ein sterbendes Kind muss geliebt und getröstet werden. Niemand darf allein und unversorgt sterben."

Mutter Teresa war gerade auf dem Weg zu irgendeiner Arbeit und beschloss plötzlich, noch im Kinderheim vorbeizuschauen. Als die Schwester sie hereinkommen sah, lief sie mit dem Baby zu ihr. Mutter Teresa nahm das Baby in ihre Arme und sprach leise das Vaterunser:

Vater unser im Himmel,
Geheiligt werde dein Name,
Dein Reich komme.
Dein Wille geschehe,
Wie im Himmel, so auf Erden.

Unser tägliches Brot gib uns heute,
Und vergib uns unsere Schuld,
Wie auch wir vergeben unsern Schuldigern,

Und führe uns nicht in Versuchung,
Sondern erlöse uns von dem Bösen.

Mutter Teresa gab der Schwester das Baby und wandte sich ihren Aufgaben zu.

Am nächsten Tag betraten die freiwilligen Helfer sorgenvoll das Heim, denn sie erwarteten, dass ein anderes Kind in dem Bettchen läge. Doch sie sahen immer noch dasselbe Baby dort liegen, es war aber nicht mehr lebensbedrohlich krank.

Eine der älteren Schwestern bemerkte: „Solche Dinge geschehen hier öfters."

Gottvertrauen

Nach einem langen und lebhaften Interview mit Mutter Teresa gestand der japanische Journalist Kato: „Ich habe immer noch Mühe, an Gottes Liebe zu glauben. Was können Sie mit einem Menschen wie mir machen?"

Mutter Teresa sagte: „Sie müssen sich hinknien und beten:

> Gott, ich glaube an dich.
> Gott, ich liebe dich.
> Gott, ich vertraue dir.
> Es tut mir Leid.

Tun Sie anschließend etwas mit großer Liebe. Helfen Sie jemandem. Oder lächeln Sie einfach. Gibt es einen Menschen, der Sie verletzt hat? Vergeben Sie ihm. Gibt es irgendeine Bitterkeit? Tun Sie etwas dagegen. Und Sie werden Gott finden. Wir können ihn nicht finden, wenn wir nicht vergeben.

Sehen Sie sich diese Blume an. Sie ist so wunderschön. Könnten Sie oder ich sie machen? Nur Gott kann es. Sehen Sie die Farben. Das ist seine Anwesenheit. Jeder einzelne Mensch hier hat etwas Wunderschönes. Nehmen Sie Ihren Körper, er ist so schön, so rein. Warum? Weil Gott ihn gemacht hat.

Niemand kann das Leben geben außer Gott. Sie können ihn in sich finden. Sie werden merken, dass er die ganze Zeit da war. Er ist in Ihrem Herzen, doch Sie haben ihn verdeckt."

Mutter Teresa zeigte auf das Gerät auf dem Tisch und fuhr dann fort: „Es ist wie mit diesem Kassettenrekorder. Sie sehen das Innere nicht, aber es ist ein schöner Kassettenrekorder. Gott ist in Ihrem Herzen, aber er ist verborgen, und Sie müssen glauben.

Wie glauben Sie? Sprechen Sie öfter am Tag die Worte: ‚Gott in meinem Herzen, ich glaube an deine treue Liebe zu mir. Ich liebe dich.' Können Sie das im Gedächtnis behalten? Können Sie das schreiben? Gott liebt mich."

Mutter Teresa gab Herrn Kato eine Karte, auf der ein Kind in der Hand Gottes gezeichnet war. Sie schrieb seinen Namen darauf und fuhr dann fort: „Sie sind das kleine Kind in der Hand Gottes. *Sie.*" Sie zitierte aus der Bibel: „Ich erlöse dich und rufe dich beim Namen, mein bist du ... Weil du mir so teuer bist in meinen Augen ... und ich dich liebe, gebe ich ... Völker für dein Leben. [...] Siehe, ich habe dich auf meine Hand gezeichnet." (Jesaia)

Herr Kato sagte: „Ich verstehe, dass ich dieses Kind bin, aber ich weiß nicht, ob diese Hand wirklich die Hand Gottes ist!"

Mutter Teresa antwortete: „Finden Sie es schwer, das zu glauben? Nun, Sie brauchen es nicht zu glauben. Es ist so. Zwei und zwei sind vier. Sie brauchen nicht zu glauben. Gott ist. Mehr als dies kann nicht gesagt werden."

Mutter Teresa und der Molekularbiologe

Die Wirkung von Mutter Teresas einfachen Botschaften ist sehr groß, und das ist immer wieder von ihren aufgeklärtesten Zuhörern bis hin zu den Ärmsten der Armen bezeugt worden.

In Kanada erinnert man sich noch immer an ihren Auftritt in einer Fernsehsendung zusammen mit zwei bekannten französischen Wissenschaftlern. Sie saß mit geneigtem Kopf in ihr Gebet vertieft, während der berühmte französische Molekularbiologe und Nobelpreisträger angeregt darüber sprach, wie das Geschick des Menschen unerbittlich durch seine Gene bestimmt wird. Als sie von dem Moderator nach ihrer Meinung gefragt wurde, hob sie den Kopf und bemerkte: „Ich glaube an Liebe und Mitleid."

Ihre Äußerung bestärkte die eindringliche christliche Aussage des anderen Wissenschaftlers und gab den Ausschlag. Nach der Sendung hörte man den Nobelpreisträger sagen, dass seine durch und durch atheistische Einstellung in Frage gestellt worden wäre, wenn das Gespräch noch etwas weiter gegangen wäre.

Lieben und vergeben

Mutter Teresa war sich der Bedeutung der letzten Augenblicke vor dem Sterben für alle Menschen, die an ein Leben nach dem Tode glauben, klar bewusst. Sie sagte, sie habe Nirmal Hriday, ihr Haus für Sterbende, besonders deswegen ins Leben gerufen, um den Menschen, die sie von der Straße auflas, zu einem Sterben in Würde zu verhelfen.

Eine Frau, die verlassen auf einem Abfallhaufen im Sterben lag, wurde in das Haus gebracht. Sie glühte vor Fieber und wiederholte immer wieder: „Mein Sohn hat mir dies angetan, mein eigener Sohn." Mutter Teresa beschrieb, wie sie dasaß und die Frau in ihren Armen hielt:

„Wir wissen, dass wir lernen müssen zu vergeben, wenn wir wirklich lieben wollen. Die Aussöhnung beginnt mit uns selbst, nicht mit den anderen. Diese Frau war so verletzt, weil ihr eigenes Kind sie nicht haben wollte, ihr Sohn, den sie geboren hatte. Sie hatte ihm Liebe und Schutz gegeben, und nun konnte er sie nicht mehr brauchen, weil sie nicht mehr arbeiten konnte und ihm eine Last war. Ich bat sie inständig, ihrem Sohn zu vergeben, ihrem Sohn eine Mutter zu sein. Die Frau konnte sich aber nicht überwinden, ihm diese schimpfliche Behandlung zu verzeihen. Doch nach einer langen Zeit flüsterte sie mit ihrem letzten Atem: ‚Ich verzeihe ihm, mein Gott, ich verzeihe ihm.' Sie hatte keine Angst, weil sie sterben musste. Es hatte ihr das Herz gebrochen, dass ihr Sohn sie nicht haben wollte. Das ist etwas, was Sie und ich verstehen können.

Gott wird uns so etwas niemals antun. Auch wenn wir die größte Sünde begehen, brauchen wir nur zu sagen: ‚Es tut mir leid.' Dies ist die Größe von Gottes Gnade, seiner Güte und Liebe. Sie ist wunderbar. Wir müssen lernen, so zu lieben."

Ein schweigender Verzicht

Im Jahr 1929 kam Mutter Teresa als Novizin des „Instituts der Gesegneten Jungfrau Maria", besser bekannt unter dem Namen „Loreto-Kongregation", nach Kalkutta. Sie war achtzehn Jahre alt. Die „Loreto-Kongregation" ist ein Lehrorden, und Mutter Teresa lehrte Geografie und war später Schulleiterin der „Saint Mary's High School" in Kalkutta. Viele Jahre später, an einem freien Abend mit den „Missionarinnen der Nächstenliebe", war Mutter Teresa in der richtigen Stimmung, um ihren Schwestern von ihrer Zeit in der Kongregation zu erzählen.

Eine von ihren Pflichten hatte darin bestanden, die Schülerinnen auf ihren wöchentlichen Spaziergängen zu begleiten. Sie stellten sich paarweise auf und nannten diese Anordnung ein „Krokodil". Mutter Teresa bildete zusammen mit einem Mädchen die Nachhut. Ihre Partnerin war aber das ungezogenste Mädchen in der Gruppe und hielt eine Münze fest in seiner Hand. Als das „Krokodil" das Einkaufszentrum erreichte, blickte das Mädchen dauernd in die Schaufenster und wiederholte ständig: „Ich möchte dies kaufen, ich möchte jenes kaufen."

Bald danach kamen sie an einem blinden Mann vorbei, der mit ausgestreckter Hand auf dem Boden saß. Mutter Teresa bemerkte, dass das Mädchen schweigsam geworden war und wunderte sich darüber. Dann stellte sie fest, dass die Münze aus der Hand des Mädchens schweigend dem blinden Bettler übergeben worden war.

„Gott gab ihr die Freude und den Mut, dass sie dem Bettler die Münze geben konnte“, schloss Mutter Teresa ihre Geschichte, „ohne ein Wort zu sagen, ohne ein Dankeschön, ohne Aufmerksamkeit zu erregen.“

Ein Fest für zweitausend Kinder

Eine alte Freundin kam zu Besuch, als Mutter Teresa gerade ausgehen wollte. „Du musst zu einem besonderen Anlass kommen", sagte Mutter Teresa zu ihrer Freundin. „Es wird wunderbar werden. Wir werden ein großes Fest für zweitausend arme Kinder aus den Elendsvierteln veranstalten. Zuerst wird eine Vorführung stattfinden, danach gibt es Tee. Ich habe einige wichtige Geschäftsleute gewonnen, das Fest zu organisieren und für den Transport zum „Tollygunge Club" zu sorgen. Ich habe zu ihnen gesagt: ‚Bitten Sie Ihre Frauen und Töchter, nach der Vorführung die Süßigkeiten an die Kinder zu verteilen, überlassen Sie das nicht Ihren Dienerinnen.'"

Nach diesem ereignisreichen Fest berichtete Mutter Teresa: „Alles verlief sehr gut. Die Kinder waren so glücklich, sie haben noch nie so viel Spaß gehabt. Ich sah, wie einige Kinder über das Gras strichen; sie fragten mich: ‚Was macht das Gras so kräftig?' Sie hatten noch nie solch wunderschönes Gras gesehen.

Ich sah, dass manche Kinder nur eine Süßigkeit aus dem Päckchen aßen, das sie bekommen hatten. Sie sagten: ‚Wir haben Geschwister zu Hause, und wir möchten die Süßigkeiten mit ihnen teilen.' Ist diese Nächstenliebe unter Kindern, die kaum etwas besitzen, nicht schön?"

„Gib mir deine Hände“

Mitglieder eines bekannten Vereins für soziale Dienste kamen zu Mutter Teresa und überreichten ihr eine Spende. Sie wusste, dass es sich um führende Geschäftsleute der Stadt handelte und ihre Spende ansehnlich war. Doch es war nicht immer leicht, Mutter Teresa zufrieden zu stellen. Sie erinnerte ihre Mitarbeiter daran, dass sie nicht wollte, dass die Arbeit „ein Geschäft wird“, sondern dass sie „ein Liebesdienst bleibt“. Der Verzicht auf eine Mahlzeit, die einem Hungrigen gegeben wurde, war ihr lieber als der Scheck eines Millionärs. Als sie den Mitgliedern des Clubs in aller Bescheidenheit dankte, sagte sie: „Ich wünschte, mehr Menschen gäben ihre Hand, um zu dienen, und ihre Herzen, um zu lieben.“

Dann erzählte sie ihnen die Geschichte eines Mannes, der ihr eine große Schenkung gemacht hatte, aber damit nicht zufrieden war. Er sagte: „Diese Schenkung hat nichts mit mir selbst zu tun. Ich möchte etwas von mir selbst geben.“

So kam er regelmäßig in das Heim für die Sterbenden in Kalighat und sprach mit den Kranken und Sterbenden. Er badete sie und kleidete sie an, schnitt ihre Nägel, rasierte sie und kämmte ihre Haare.

Dies ist der Teil des Gebens, den Mutter Teresa als „den schwereren Teil“ bezeichnete.

Spirituelle Armut

Mutter Teresa war zu Besuch in Japan, und wie üblich entging ihren aufmerksamen blauen Augen nichts. Als sie zu dem Ort gefahren wurde, an dem sie vor japanischen Zuhörern sprechen sollte, sah sie einen Mann betrunken auf der Straße liegen. Später im Gespräch ergriff sie die Gelegenheit, eine Bemerkung darüber zu machen: „Sie sind eine reiche Nation, doch ich sah hier einen betrunkenen Mann auf einer Straße liegen, und niemand hob ihn auf oder kümmerte sich um ihn. Niemand versuchte, ihm seine menschliche Würde wiederzugeben, ihm klar zu machen, dass er einen Bruder hat und ein Kind Gottes ist."

Mutter Teresas Visitenkarte

Niemand verließ Mutter Teresa mit leeren Händen. Sie drückte den Besuchern eine Anstecknadel mit dem Bild der Jungfrau Maria in die Hand oder ein Stück Papier mit einem Gebet, das sie sprach, oder einem Zitat aus der Bibel. Sie unterschrieb diese Texte auch eigenhändig, wenn sie darum gebeten wurde, selbst wenn sie unter größtem Zeitdruck stand.

Der Stoß von Visitenkarten, die Mutter Teresa im Gegenzug überreicht wurden, würde wohl aufeinander gestapelt bis in den Himmel gereicht haben! Doch Mutter Teresa selbst hatte keine Visitenkarte, und es war ihr auch gar nicht in den Sinn gekommen, bis eines Tages ein Geschäftsmann, der sie kurz getroffen hatte und der später wieder mit ihr in Verbindung treten wollte, fragte: „Mutter Teresa, könnte ich Ihre Visitenkarte haben?" Mutter Teresa suchte in der Stofftasche mit den Holzgriffen, die sie auf Reisen bei sich hatte, und überreichte ihm eine Gebetskarte. Er warf einen Blick darauf und fragte noch einmal: „Mutter Teresa, haben Sie keine Visitenkarte?"

Mutter Teresa dachte über die Frage dieses Mannes nach, und eines Nachts schrieb sie ihre eigene Visitenkarte in fünf Zeilen nieder:

Die Frucht der *Stille* ist Gebet,
Die Frucht des *Gebetes* ist Glauben,
Die Frucht des *Glaubens* ist Liebe,

Die Frucht der *Liebe* ist Dienst,
Die Frucht des *Dienstes* ist Frieden.

Mutter Teresa

Auf der Karte standen jedoch keine Adresse oder Telefonnummer!

Als sie darauf aufmerksam gemacht wurde, antwortete Mutter Teresa, sie glaube nicht, dass dies wichtig sei. „Dies ist eine sehr gute Visitenkarte! Sie bringt die Menschen zum Nachdenken. Manchmal werde ich darum gebeten, den Text zu erklären. Doch sehen Sie, alles beginnt mit dem Gebet, das in der Stille unseres Herzens entsteht. Sie können die Erfahrungen, die Sie selbst mit dem Bedürfnis zu beten gemacht haben, untereinander austauschen und auch, wie Sie zum Gebet gefunden haben und was die Frucht des Gebetes in Ihrem eigenen Leben ist."

Das Mysterium Gottes

Die Menschen, die Mutter Teresa besuchten, brauchten nicht immer auszusprechen, welches Problem sie bedrückte oder welche Frage sie hatten. Mutter Teresa spürte es oft von selbst.

In dem Heim für die Sterbenden wartete eine Gruppe von Intellektuellen auf sie. Als ob sie die Gedanken der Besucher hätte lesen können, sagte sie: „Warum diese Menschen und nicht ich? Warum wurde dieser Mensch aus der Gosse aufgelesen und nicht ich? Das ist ein Mysterium. Niemand weiß die Antwort.

Wo es ein Mysterium gibt, da muss Glaube sein. Der Glaube kann sich nicht verändern, wie Sie ihn auch betrachten. Entweder Sie haben ihn oder Sie haben ihn nicht."

Mutter Teresas Glaube war unermesslich. Sie sagte: „Unser wachsendes Wissen verdunkelt unseren Glauben nicht, es zeigt nur die Größe von Gottes Schöpfung. Vieles können wir nicht verstehen. Im Leben des heiligen Augustinus gibt es dafür ein wunderbares Beispiel:

Augustinus bemühte sich, Gott und das Ausmaß seiner Schöpfung zu verstehen. Doch sein menschlicher Geist konnte es nicht erfassen. Er forschte überall und stieß schließlich auf einen kleinen Jungen, der gerade versuchte, den Ozean in ein Loch im Erdboden zu gießen. Augustinus fragte ihn, was er da tue.

Der Junge sagte: ‚Ich versuche, den Ozean in dieses Loch zu gießen.'

Augustinus sagte ihm, das sei unmöglich.

Da sagte das Kind, das in Wahrheit ein Engel war: ‚Es ist immer noch einfacher, den Ozean in dieses Loch zu gießen, als dass du Gottes Mysterium verstehst.'"

Eine befristete Waffenruhe

Mutter Teresa, die Friedensbotschafterin, sprach immer zum Thema Frieden, wenn sie Gelegenheit dazu hatte. Oft ermahnte sie ihre Zuhörer: „Lasst uns nicht Bomben und Gewehre einsetzen, um Herr der Welt zu werden. Lasst uns den Frieden Gottes ausstrahlen und den Hass und das Streben nach Macht in der ganzen Welt und in den Herzen aller Menschen auslöschen." Und genau dies tat Mutter Teresa, wenn sie oftmals als Erste in Gebieten eintraf, die durch Naturgewalt oder menschliche Konflikte verwüstet worden waren.

Im August 1982 machte sie sich auf den Weg nach Beirut. Sie hatte gehört, dass einige verkrüppelte Kinder in einem Krankenhaus eingeschlossen waren, das im Kreuzfeuer der verfeindeten Parteien beschädigt worden war. Trotz der gut gemeinten wiederholten Warnungen, dass sie in die Schusslinie geraten könne, entschloss sich Mutter Teresa, die Kinder am folgenden Tag zu holen.

„Morgen wird es eine Waffenruhe geben – das Kämpfen wird aufhören", sagte sie.

Die Schwestern beteten die ganze Nacht, es möge doch am folgenden Tag eine Waffenruhe eintreten.

Und die Waffen ruhten tatsächlich.

„Wir nahmen uns der verkrüppelten und verwaisten Kinder an und brachten sie sicher nach Hause." Mutter Teresa erzählte ihre Geschichte einer Gruppe von ängstlichen Menschen mit weit aufgerissenen

Augen. „Uns fehlte fast alles, was wir brauchten. Einige junge Menschen, Muslime, Christen und Drusen, halfen uns, und die Kleinsten gingen nach Hause und holten ihre eigenen Kleider für diese Kinder. Einer von ihnen kaute ein Kaugummi, und in einer Aufwallung von Liebe nahm er den Kaugummi aus dem Mund und gab ihn einem kleinen Kind."

In einem ernsteren Ton schloss sie: „Gott hat seine eigenen Mittel und Wege, mit denen er in den Herzen der Menschen wirkt, und wir wissen nicht, wie nah sie ihm sind."

„Wir bleiben"

Auf ihren Reisen in den Nahen Osten und nach Israel fuhr Mutter Teresa durch Gaza, das eine Brutstätte von Unzufriedenheit und Rivalitäten ist, die häufig zu Blutvergießen führen – ein Ort, an dem es keinen Frieden zu geben scheint. Für die Schwestern war diese Gegend daher ein geeignetes Betätigungsfeld, um ihr Amt der Liebe und Nächstenliebe auszuüben. Sie sollen Gottes Frieden auf der Welt verbreiten, denn „Werke der Liebe sind Werke des Friedens", wie Mutter Teresa sagte.

Als Mutter Teresa gebeten wurde, ein Haus in Gaza zu eröffnen, war sie sofort dazu bereit. Sie brauchte eine Oberin mit einem starken Glauben und einem mutigen Geist, die niemanden fürchten durfte, außerdem arabisch sprach oder es wenigstens schnell lernen konnte.

Mutter Teresa wählte eine Schwester, die sich ihr ganz am Anfang ihres Wirkens angeschlossen und die schwierigen ersten Jahre miterlebt hatte. Alle Schwestern, die für Gaza ausgesucht wurden, würden durch die Gebete aller Schwestern im Mutterhaus unterstützt werden. Vor der Abfahrt beteten sie zusammen, und Mutter Teresa segnete sie. Die ganze Gemeinschaft sang gemeinsam ein Lied, um sie Gottes Schutz anzuvertrauen.

Nach ihrer Ankunft in Gaza wurden die Schwestern zum Gemeindehaus gebracht, in dem sie wohnen sollten. Als sie in den Hauptraum eintraten, wurden sie von einem Hausmeister empfangen, der nur sagte: „Der Gemeindepfarrer, der hier wohnte, wurde gestern in diesem Raum getötet. Sie können die Blutflecke an der Wand sehen. Wollen Sie hier bleiben?"

Die Schwestern hielten den Atem an, als die Oberin voll Vertrauen sagte: „Wir bleiben."

Ein Vertrag mit Jesus

Mutter Teresa verlor niemals ihren Humor und beschwerte sich für gewöhnlich nicht, doch eines Tages erzählte sie ihren Schwestern: „Jeden Tag muss ich so viele Briefe unterschreiben, manchmal fühle ich mich müde. Deshalb habe ich mit Jesus einen Vertrag gemacht."

Mutter Teresa schrieb vor ihre Unterschrift immer die Worte „Gott segne dich" und unterschrieb dann mit „M Teresa MC". M bedeutet Mary. Alle Schwestern ihres Ordens haben Mary als ersten Namen und dahinter ihren Rufnamen. MC ist die Abkürzung von „Missionaries of Charity". Zusammen ergibt das zwanzig Buchstaben, und Mutter Teresa sagte, dass jeder der Buchstaben für eine Liebestat stünde, die sie dem Adressaten des Briefes darbrachte.

Ebenso verfuhr sie, wenn die Fotoapparate klickten. Mutter Teresa sagte, fotografiert zu werden sei eines der wenigen Dinge, die sie hasste. Aber „zur Ehre Gottes" tat sie alles. Sie sagte Jesus, jedes Mal, wenn sie fotografiert werde, müsse er eine Seele aus dem Fegefeuer in den Himmel bringen.

Die Freude am Teilen

Eine Dame in einem sehr teuren Sari mit entsprechenden Accessoires betrat das Mutterhaus. Sie fühlte sich sichtlich nicht recht wohl in dieser Umgebung. Sie wartete im Besuchszimmer, und sobald Mutter Teresa eintrat, lief sie ihr entgegen mit den Worten: „Mutter, ich möchte an Ihrer Arbeit teilhaben."

Mutter Teresa betete einen Augenblick um eine Eingebung, wie sie dieser Frau vermitteln konnte, worin der eigentliche Sinn der Teilnahme an ihrer Arbeit liege, ohne Kritik an ihrem Lebensstil zu üben. Sie sagte dann: „Ich würde mit Ihrem Sari anfangen. Das nächste Mal kaufen Sie einen billigeren Sari, und das gesparte Geld bringen Sie mir für die Armen."

So begann die Frau billigere Saris zu kaufen, und jedes Mal, wenn sie dies tat, brachte sie das gesparte Geld zu Mutter Teresa. Ihr Leben veränderte sich. „Ich habe wirklich verstanden, was es heißt zu teilen", sagte sie. „Ich habe viel mehr zurückerhalten, als ich gegeben habe."

Nach einer gewissen Zeit trug die Frau so billige Saris, dass Mutter Teresa sie eines Tages beiseite nahm und sie freundlich ermahnte, sie solle das Teilen nicht übertreiben.

Unterwegs für die Armen

Ihr ganzes Leben lang bat Mutter Teresa um materielle Dinge und Zuwendungen, doch niemals für sich selbst. Sie wollte sie immer für andere Menschen haben. Diese gute Absicht wurde bald bemerkt und veranlasste viele Menschen, ihr bereitwillig zu helfen.

Sie berichtete einmal, wie sie zu Beginn ihrer Tätigkeit zu einem pharmazeutischen Großhändler ging und dem Firmeninhaber ein Stück Papier mit einer langen Liste von Medikamenten mit den Worten gab: „Ich brauche diese Medikamente für die Armen." Er antwortete: „Da sind Sie bei mir falsch, bitte lassen Sie mich meine Arbeit beenden."

Mutter Teresa setzte sich und betete ihren Rosenkranz, während der Besitzer seine Buchführung durchführte. Nach einer langen Zeit blickte er auf, sah Mutter Teresa mit gesenktem Kopf beten und fragte: „Was tun Sie da?"

„Ich bete für Sie", antwortete sie, „dass Sie mir die Medikamente für die Armen geben."

„Also gut, kommen Sie her", sagte er und gab ihr alle Medikamente, die sie brauchte.

Dr. B. C. Roy, seinerzeit Chefminister von West-Bengalen, pflegte am frühen Morgen unentgeltlich medizinischen Rat zu erteilen. Mehrere Male saß Mutter Teresa mitten unter den Patienten. Wenn sie an der Reihe war, bat sie den Minister um Wasser oder Strom für das eine oder andere Slumviertel. Er beauftragte seine Sekretärin, es aufzuschreiben und sich darum zu kümmern. Selbstverständlich wurde der jeweilige Wunsch ausgeführt.

Eines Tages stellte Dr. Roy fest: „Mutter, Sie bitten immer für andere Menschen, nie für sich selbst. Sie können jederzeit in mein Büro kommen, ich werde Sie immer empfangen."

In den ersten schweren Jahren der „Missionarinnen der Nächstenliebe" ging Mutter Teresa in Restaurants und Geschäfte und fragte: „Haben Sie zerbrochenen Zwieback für die Kinder?", und sie sammelte die Zwiebackstückchen ein, die für sie aufbewahrt wurden.

Auch viele Jahre später noch, als Mutter Teresa schon berühmt war, erhielt sie Pakete mit Zwieback von Herstellern aus Indien, Holland und Deutschland. Sie waren nach wie vor für die Kinder, die Kranken und die alten Menschen bestimmt.

Zwieback als Heilmittel

In dem kleinen Besuchszimmer des Mutterhauses wartete ein Priester auf Mutter Teresa. „Ich habe ein Geschwür", sagte er, „ein Geschwür am Zwölffingerdarm, und der Arzt sagt, ich müsse operiert werden." Mutter Teresa reagierte schnell und heftig: „Keine Operation!" Sie sprach wie ein Mensch, der es gewöhnt ist zu bestimmen. „Keine Operation! Milch und Zwieback. Trinken Sie viel Milch, sie wirkt gegen die Magensäure, und essen Sie immer Zwieback, wenn Ihr Magen leer ist. Kein Zucker, kein Fett, kein Obst, essen Sie nur gekochte Nahrungsmittel. Und sorgen Sie dafür, dass Sie in den Jackentaschen immer Zwieback bei sich haben für die Zeit zwischen den Mahlzeiten, denn ein leerer Magen sondert Säure ab. Bewahren Sie auch Zwieback an Ihrem Bett auf, und essen Sie davon, wenn Sie nachts aufwachen. Auf diese Weise werden Sie Ihr Geschwür los. Wir haben sehr guten Zwieback aus Holland, der uns von unseren Freunden geschickt wurde.

„Schwester Agnes", rief Mutter Teresa, „geben Sie unserem Gast holländischen Zwieback für sein Geschwür." Schwester Agnes kam bald mit einer großen Tüte Zwieback zurück. Mutter Teresa fügte hinzu: „Sie haben Milchpulver, das wird reichen. Nehmen Sie diesen Zwieback und werden Sie gesund."

Dies war Mutter Teresas praktische Klugheit. Sie erinnerte sich an den Unterricht, den sie vor vielen

Jahren während ihres Aufenthaltes bei den amerikanischen „Medical Missionary Sisters" am Patna-Krankenhaus erhalten hatte. Drei Monate später kam der Priester erfreut wieder, um sich zu bedanken. Das Geschwür war abgeheilt.

Gebet und Papiere für einen verlorenen Sohn

Mutter Teresa traf auf einen jungen Mann, der müde an einer Hausmauer in Kalkutta lehnte. Er wirkte vollkommen verloren. Sie brachte ihn in eines ihrer Heime. Nach einigen Stunden kam sie zurück und unterhielt sich mit ihm. Sie erfuhr, dass er Ausländer war; er war sehr gebildet, war jedoch in schlechte Gesellschaft geraten und sein Ausweis war ihm gestohlen worden. Mutter Teresa fragte ihn, warum er seine Familie und sein Zuhause verlassen habe und nach Indien gegangen sei. Er sagte, dass sein Vater ihm seit seiner Kindheit nie in die Augen geschaut und ihn nie gemocht habe. Als er heranwuchs, habe er gefühlt, dass sein Vater eifersüchtig auf ihn war.

Mutter Teresa war ein sehr pragmatischer Mensch, und sie war sich des Ernstes seiner Lage bewusst. Sie setzte alle Hebel in Bewegung, um sicher zu stellen, dass der Mann einen Ausweis bekommen und nach Hause zurückkehren konnte, um sich mit seinem Vater zu versöhnen. Doch wenn sie diesen Vorfall schilderte, erwähnte sie niemals ihre eigene Rolle in der Geschichte.

„Nach vielem Beten", sagte Mutter Teresa, „halfen ihm die Schwestern, damit er heimkehren und seinem Vater vergeben konnte. Das war für beide gut."

Nur ein Tropfen auf den heißen Stein

Eine Freundin von Mutter Teresa aus frühen Tagen schaute vorbei und hoffte, in Ruhe mit Mutter Teresa sprechen zu können. Angenehm überrascht, dass an diesem Nachmittag nur wenige Besucher anwesend waren, setzte sie sich auf eine alte Holzbank in dem überdachten Durchgang zwischen den Räumen der Schwestern und der Kapelle.

Die beiden Frauen hatten sich lange nicht gesehen, und es gab viel zu besprechen. Die Freundin sprach freimütig über ihre tiefe Enttäuschung, dass all ihre Bemühungen zu helfen scheinbar so gar nichts an der Lebensqualität von Tausenden armer Menschen änderten. Mutter Teresa legte ihre kräftige, an Arbeit gewohnte Hand auf die Hand ihrer Freundin und sagte: „Wir haben das Gefühl, dass alles, was wir tun, nur ein Tropfen auf den heißen Stein ist. Aber ich glaube, ohne diesen Tropfen wäre es eben noch ein wenig schlechter."

Als ihre Freundin entgegnete, dass es doch größere und bessere Möglichkeiten geben müsse, den Armen zu helfen, antwortete Mutter Teresa: „Ich bin nicht der Meinung, dass die Dinge in einem großen Maßstab getan werden sollten. Was zählt, ist der Einzelne. Wenn wir warten, bis wir eine große Zahl von Helfern sind, dann werden wir uns verlieren in der großen Zahl und niemals Liebe und Achtung für den einzelnen Menschen zeigen können."

Die Familie als Ort der Liebe

Mutter Teresa schrieb Weihnachten 1995 an ihre Mitarbeiter:

„Einigen Kindern in unseren Heimen wurde eine vorzeitige Weihnachtsfreude von einer internationalen Fluglinie bereitet, die ihnen einen kostenlosen einstündigen Flug schenkte. Ich wünschte, Sie hätten die Aufregung dieser einhundertfünfzig Kinder sehen können, die so hübsch aussahen in den Hemden mit den passenden Kappen, die sie zu diesem Anlass geschenkt bekommen hatten. Wie wunderbar, dass unseren behinderten, unterernährten und vernachlässigten Kindern, die sonst nie die Freude am Fliegen erlebt hätten, diese Gelegenheit geboten wurde."

Mutter Teresa schloss das Rundschreiben mit einem Ausschnitt aus der Botschaft, die sie an die Weltkonferenz für Frauen in Peking gerichtet hatte:

„Statt Tod und Kummer lasst uns der Welt Frieden und Freude bringen. Dazu müssen wir Gott um das Geschenk seines Friedens bitten und lernen, einander als Brüder und Schwestern zu lieben und als Kinder Gottes anzuerkennen. Wir wissen, dass Kinder am besten in der Familie lieben und beten lernen, wenn sie die Liebe und das Gebet ihrer Mutter und ihres Vaters sehen ... Wenn die Familien stark und vereint sind, sehen die Kinder die besondere Liebe Gottes in der Liebe ihres Vaters und ihrer Mutter, und wenn sie heranwachsen, machen sie ihr Land zu einem Ort der Liebe und des Gebetes."

Prinz Charles kommt nach Kalkutta

Könige, Präsidenten, Staatsoberhäupter und viele bedeutende Persönlichkeiten haben mit den Kindern in den Heimen Mutter Teresas in vielen Ländern gesprochen und gespielt. Einige haben die Kleinen in ihren Armen gewiegt und liebkost.

1980 machte Prinz Charles kurz nach Weihnachten einen vierundzwanzigstündigen Zwischenstopp in Kalkutta. Er traf Mutter Teresa in Shishu Bhavan, ihrem dortigen Zentrum. Sie machte ihn mit dem neuesten Mitglied ihrer Familie bekannt, einem Baby, das irgendwo in der Stadt ausgesetzt worden war. Mutter Teresa nahm Prinz Charles mit in die Kapelle, und sie beteten zehn Minuten zusammen.

Mutter Teresa sagte: „Er war beeindruckt. Ich gab ihm eine Karte mit dem Gebet des heiligen Franz von Assisi und bat ihn, es jeden Tag zu beten. Als er aufbrechen wollte, wandte ich mich an den Prinzen und sagte zu ihm: ‚Ich kann nicht tun, was Sie tun können, und Sie können nicht tun, was ich tun kann, doch zusammen können wir beide etwas Wunderbares für Gott tun.'"

Die Freude an der Unsicherheit

Auf dem Rückweg von ihrem ersten Besuch in Kanada nach Indien saß Mutter Teresa beim Zwischenstopp in London auf dem Flughafen Heathrow in der Transitlounge und betete ihren Rosenkranz. Ein Journalist entdeckte sie in der Menge und schaffte es, zu ihr zu gelangen. Er überschüttete sie mit einem Schwall von Fragen: Wie war sie in Kanada empfangen worden?

Mutter Teresa blickte auf und zeigte keine Spur von Verärgerung über die unhöfliche Unterbrechung ihres Gebetes. Sie antwortete, als ob sie auf die Frage gewartet hätte: „Auf dem Treffen waren fünfundzwanzigtausend Menschen. In Montreal wollten mir drei oder vier Menschen ein Haus geben. Es war wunderbar! Ein Mann führte mich herum, damit ich mir die Häuser ansehen konnte, und er sagte: ‚Wenn Sie keins von diesen Häusern nehmen, kann ich eines verkaufen und das Haus kaufen, das Sie haben möchten.' Nun haben wir fünf Häuser. Die Menschen sind so glücklich, dass die Schwestern dort sind.

Sie fragten, ob sie 10 000 Dollar pro Monat spenden könnten, aber ich sagte, nein, dann würden wir die Freude an der Unsicherheit und der Abhängigkeit von der göttlichen Vorsehung verlieren."

Die Würde der Armen

„Die größte Ungerechtigkeit, die wir unseren Armen zufügen, besteht darin, dass wir glauben, sie seien für nichts zu gebrauchen; wir haben vergessen, sie mit Respekt und Würde als Kinder Gottes zu behandeln."

Die folgende Geschichte, die Mutter Teresa erzählt hat, macht deutlich, worum es ihr ging.

„Eines Tages kam ein Junge von fünfzehn oder sechzehn Jahren weinend zu mir und bat mich, ihm etwas Seife zu geben. Ich wusste, dass die Familie des Jungen früher einmal reich gewesen und dann verarmt war. Er sagte zu mir: ‚Meine Schwester geht auf die Oberschule und wird jeden Tag nach Hause geschickt, weil ihr Sari nicht gewaschen ist, und wir haben keine Seife zum Waschen. Bitte geben Sie mir etwas Seife, damit sie ihren Sari waschen kann und weiter zur Schule gehen und ihre Ausbildung beenden kann.' Sie sehen, welche Demütigung die Familie erleiden musste, weil sie arm war. Wir sollten die Armen nicht mit Mitleid behandeln, sondern mit Mitgefühl."

Helfen auf Mutter Teresas Art

Eine Frau war so überwältigt von Mutter Teresas Worten, dass sie ihre goldenen Armbänder von den Handgelenken streifte und sie Mutter Teresa anbot. Mutter Teresa gab sie ihr zurück und erzählte folgende Geschichte:

„Ein reicher Mann kam zu mir und sagte: ‚Ich habe ein großes Haus in Holland. Möchten Sie, dass ich es aufgebe?'

Ich sagte: ‚Nein.'

‚Möchten Sie, dass ich in dem Haus wohne?'

Ich sagte: ‚Ja.'

‚Ich habe ein großes Auto; möchten Sie, dass ich das stattdessen aufgebe?'

Ich sagte: ‚Nein. Aber ich möchte, dass Sie nach Holland zurückgehen und sich mehr um die einsamen Menschen in Holland kümmern. Dann möchte ich, dass Sie hin und wieder einige einsame Menschen zu sich holen und sie unterhalten. Holen Sie sie in Ihrem wunderschönen Auto ab und gönnen Sie ihnen ein paar Stunden in Ihrem wunderschönen Haus. Dann wird Ihr großes Haus zu einem Mittelpunkt der Liebe – voller Licht, voller Freude, voller Leben.'

Er lächelte und sagte, er würde sehr gern die Menschen in sein Haus holen, aber er würde außerdem gern etwas in seinem Leben aufgeben. Daher schlug ich vor: ‚Wenn Sie in ein Geschäft gehen, um einen neuen Anzug oder andere Kleidung zu kaufen, kaufen

Sie statt der besten Qualität eine billigere und kaufen Sie von dem gesparten Geld etwas für einen anderen Menschen oder am besten für einen Armen.' Als ich geendet hatte, war er erstaunt und rief aus: ‚Oh! So kann man es machen? Das ist mir nie in den Sinn gekommen.'"

„Die Armen sind immer da"

Die Helfer und Freiwilligen versammelten sich immer um Mutter Teresa, bevor sie zur Arbeit in die verschiedenen Heime gingen, und manchmal auch bei ihrer Rückkehr. Manche suchten Führung, und zu ihnen sagte sie: „Finden Sie durch direkten Kontakt heraus, was zu tun ist. Gehen Sie in das Heim für die Sterbenden und lernen Sie Ihre Lektion nicht aus einem Buch, sondern mitten im Leben, unter wirklichen Menschen, in einer Umgebung, die Sie nie vergessen werden." Sie erinnerte sich an einen jungen Mann, der einen Tag in Nirmal Hriday, ihrem Haus für Sterbende, verbracht hatte und zurückkam, um sich nach der nächsten Anweisung zu erkundigen. Sie sagte:

„Eines Morgens war ich mit einer Arbeit beschäftigt, als eine Schwester hereinkam und sagte: ‚Ein Tourist möchte Sie besuchen; es ist derselbe Mann, der neulich schon hier war.'

Ich sagte: ‚Sage ihm, er solle in Kalighat arbeiten.' Die Schwester erwiderte, dass er gesagt habe, dort sei er schon am Tag zuvor gewesen. ‚Ja', sagte ich, ‚er kann heute wieder dorthin gehen; die Armen sind noch immer da.'"

Offen für alle Glaubensrichtungen

Eine Koreanerin, eine Buddhistin, kam 1989 zu den „Missionarinnen der Nächstenliebe", um als Freiwillige mit ihnen zu arbeiten. Ihr Traum war es, Ärztin zu werden und dann wiederzukommen, um mit Mutter Teresa zu arbeiten. Es kam der Zeitpunkt, zu dem sie zum Medizinstudium in die Vereinigten Staaten aufbrach. Alle Vorkehrungen für ihr Visum waren getroffen, doch plötzlich hatte sie Schwierigkeiten. Ein Angestellter des amerikanischen Konsulats erklärte, er werde das Visum nicht ausstellen, wenn sie nicht zusammen mit einer Schwester zu ihm komme. Eine schriftliche Bescheinigung werde er nicht anerkennen. Verzweifelt ging sie zum Mutterhaus und hörte dort, dass die Schwestern zu viel Arbeit hätten und sie nicht begleiten könnten. Mutter Teresa hielt sich seinerzeit nicht in Kalkutta auf.

Die Koreanerin ging zum „Saint Xavier College", um dort Rat bei einem regelmäßigen Besucher des Mutterhauses zu suchen. Dieser Besucher sprach mit Mutter Teresa einige Tage nach ihrer Rückkehr. Sie war sofort bereit zu helfen und schickte eine Schwester mit dem Mädchen zum Konsulat.

Beeindruckt von der großen Ernsthaftigkeit der Koreanerin, schlug der Besucher Mutter Teresa vor: „Warum eröffnen Sie nicht eine Unterabteilung der Kongregation Ihrer Schwestern für solche ernsthaften Menschen anderen Glaubens? Sie würden mit Ihren

Schwestern zusammen arbeiten und denselben Lebensstil haben. Sie würden völlig offen für den Geist des Evangeliums und für Christus sein, dennoch möchten viele die Religion nicht wechseln. Sie könnten auch das Beste ihrer eigenen spirituellen Tradition einbringen."

Er erwartete, dass Mutter Teresa lächeln und seine unbesonnene Idee nicht beachten würde. Doch ohne mit der Wimper zu zucken, erwiderte sie: „Ich habe schon daran gedacht und mit dem Papst darüber gesprochen. Er sagte mir, ich solle es machen."

Wir sind reich beschenkt

Jemand wollte Mutter Teresa Geld geben, aber ihm wurde gesagt: „Warum geben Sie es Mutter Teresa, die es für Sterbende oder für Leprakranke verwendet, die für die Gesellschaft nutzlos sind? Investieren Sie dieses Geld doch in einen Kurs oder ein Seminar, so dass es für die Ausbildung von Jugendlichen oder zur Unterstützung von Familien verwendet wird."

Als Mutter Teresa davon erfuhr, sagte sie: „Ja, wir arbeiten für die Hoffnungslosen und die Hilflosen der Gesellschaft, für jene Menschen, die zu nichts nutze sind, denn wir sehen in ihnen das Bild Gottes." Sie war sich klar darüber, dass „Indien Pläne und koordiniertes Handeln braucht; dass das Land Techniker, Wirtschaftswissenschaftler, Ärzte, Schwestern zu seiner Entwicklung braucht." Doch, so fragte sie, „Wie lange müssten wir warten, bis diese Pläne eine Wirkung zeigen? Wir wissen es nicht. In der Zwischenzeit müssen die Menschen leben, sie müssen ernährt, versorgt und gekleidet werden. Unser Arbeitsfeld ist das heutige Indien."

Mutter Teresa sagte: „Solange es diese Bedürfnisse gibt, wird unsere Arbeit weiter gehen."

Aus einem anderen Anlass erzählte Mutter Teresa ihren Schwestern, wie sie auf eine ähnliche Bemerkung auf einem Seminar in Bangalore reagierte, wo ein Delegierter aufstand und zu ihr sagte: „Mutter Teresa, Sie verwöhnen die Armen, wenn Sie ihnen alles kostenlos geben. Die Armen verlieren ihre menschliche Würde. Sie sollten wenigstens zehn Paise für das nehmen, was Sie ihnen geben; damit würde ihre persönliche Würde gewahrt."

Ein Raunen durchlief den Saal. Als alle wieder ruhig waren, sagte Mutter Teresa: „Niemand verwöhnt uns so sehr wie Gott. Sehen Sie sich die wunderbaren Gaben an, die er uns kostenlos gegeben hat. Keiner von Ihnen hat eine Brille auf, dennoch können Sie alle sehen. Sagen Sie, wenn Gott Geld für Ihr Sehvermögen nehmen würde, was geschähe dann? Wir geben in Shishu Bhavan so viel Geld aus, um Sauerstoff zu kaufen und damit Leben zu retten, doch wir atmen unaufhörlich Sauerstoff und leben durch ihn, und wir bezahlen nichts dafür."

Es herrschte tiefes Schweigen. Niemand sagte danach noch ein Wort.

Ein Stück Schokolade

Mutter Teresa besaß viel Erfahrung in der Bewältigung von Katastrophen, und sie handelte jeweils sofort: „Wir wissen, was die Menschen brauchen, und viele Organisationen und Menschen bieten uns Spenden und Hilfe an, und die Arbeit geht voran." Als die schreckliche Hungersnot in Äthiopien bekannt wurde und die Menschen hörten, dass Mutter Teresa sich nach Addis Abeba begeben hatte, erreichten das Mutterhaus zahlreiche Lebensmittelspenden. Die Schwestern und Freiwilligen waren damit beschäftigt, Dosen mit Milch, Päckchen mit Zucker, Reis und Mehl zu sortieren und in alte Pappkartons zu packen.

Mutter Teresa erwähnte oft die Opfer, die Kinder für andere Kinder bringen – die Kinder in England opferten je eine Scheibe Brot mit Marmelade; die Kinder in Dänemark ein Glas Milch und die Kinder in Indien ein „rasgulla"* für ihre weniger glücklichen Brüder und Schwestern.

Sie berichtete: „Die Kinder in Kalkutta hatten von den Schwestern erfahren, wie sehr die Kinder in Äthiopien litten. Und sie kamen, und jeder gab eine ganze Kleinigkeit – Geld oder etwas anderes. Sie gaben, was sie gerade hatten. Ein kleiner Junge kam zu mir und sagte: ‚Ich habe kein Geld, ich habe gar nichts, aber ich habe dieses Stück Schokolade. Neh-

* Eine typisch indische Süßigkeit, die bei Kindern sehr beliebt ist.

men Sie es mit, und geben Sie es den Kindern in Äthiopien.'

Dieser kleine Junge war voller Liebe, denn ich glaube, dass er zum ersten Mal ein Stück Schokolade in die Hand bekommen hatte, und er gab es mit Freude, weil er mit anderen teilen wollte. Er gab es, um das Leiden irgendeines Menschen im weit entfernten Äthiopien ein wenig zu lindern.

Es ist die Freude des Liebens – geben bis es schmerzt."

„Sie sind mein Budget"

„Geld?", sagt Mutter Teresa, „daran denke ich nie. Es kommt immer. Wenn Gott möchte, dass eine Arbeit getan wird, dann schickt er die Mittel. Wenn er die Mittel nicht gibt, möchte er diese Arbeit nicht. Also, warum sich Sorgen machen?"

Während ihres ganzen Lebens kam Geld genug und oft unerwartet.

Eines Tages kam der Direktor einer großen multinationalen Firma aus Mumbai nach Kalkutta und suchte Mutter Teresa auf. Nachdem er sich als Mr. Thomas vorgestellt hatte, sagte er:

„Darf ich fragen, wie hoch Ihr Budget für das kommende Jahr ist?"

Mutter Teresa antwortete: „Ich habe kein Budget. Wie kann ich zu Beginn des Jahres wissen, wie viele Mr. Thomas, wie viele Mrs. Thomas, wie viele Ms. Thomas kommen und mir sagen: ‚Wir möchten den „Missionarinnen der Nächstenliebe" eine Spende machen'? Also mache ich kein Budget. Sie sind mein Budget."

Mr. Thomas erklärte, dass seine Firma ein großes Warenlager im Zentrum von Mumbai habe. Sie würden gern in eine andere Gegend umziehen und dachten daran, den Besitz den „Missionarinnen der Nächstenliebe" zu schenken.

Einige Zeit später wurde die Schenkung ausgeführt. Mutter Teresa hatte zuvor schon ein ähnliches Geschenk im Osten von Kalkutta von einer anderen multinationalen Firma erhalten und es „Prem Daan", „Geschenk der Liebe" genannt. Der Besitz in Mumbai wurde „Asha Daan" genannt, „Geschenk der Hoffnung".

„Seid niemals so beschäftigt, dass ihr nicht an andere denken könnt"

Mutter Teresas Arbeit unter den Ärmsten der Armen: Viele Menschen denken dabei an das Waschen der Wunden von Leprakranken, das Speisen von Hungrigen, das Retten von unerwünschten Babys und das Auflesen von Sterbenden von den Straßen. Viele fragen, wie sie helfen können.

Dies ist die Geschichte von einem Unternehmen, dessen Angestellte von ihrem Chef angeregt wurden, an der Arbeit von Mutter Teresa in Mumbai teilzunehmen.

„Ich ging mit dem Leiter der Firma zu seiner Fabrik in Mumbai, wo über dreitausend Menschen arbeiteten. Er hatte begonnen, einen Plan in die Tat umzusetzen, nach dem sie alle etwas für die Ernährung der Menschen in „Asha Daan" gaben, unserem Heim. Ich war dorthin gegangen, um ihnen zu danken, und zu meinem Erstaunen stellte ich fest, dass viele behindert waren.

Ich war wirklich beeindruckt von der Zuvorkommenheit dieses sehr beschäftigten Mannes. Er kannte fast alle seine Arbeiter mit Namen, und während er mich herumführte, beobachtete ich, dass er jeden Einzelnen grüßte und seine Angestellten in sehr persönlicher Art nach ihren Familien fragte.

Zuvorkommenheit entsteht dort, wo es wirkliche Liebe gibt. Seid niemals so beschäftigt, dass ihr nicht an andere denken könnt."

Mutter Teresa in China

Im Jahre 1985 besuchte Mutter Teresa China, und nach ihrer Rückkehr sprach sie viele Tage lang über ihr Treffen mit dem damaligen stellvertretenden Ministerpräsidenten Deng Xiaoping und seinem Sohn. Sie zeigten ihr ein Heim für Behinderte, das Deng Xiaoping hatte errichten lassen. Mutter Teresa sagte, seine Arbeit sei „wahrlich Gottes Werk", worauf er antwortete, da er nicht an Gott glaube, könne er auch nicht Gottes Werk tun. Sie erwiderte: „Sie tun ein Werk der Nächstenliebe, und das ist für Gott. Beten Sie für mich, und ich werde für Sie beten."

„Wir werden auch in China arbeiten"

1994 besuchte Mutter Teresa Shanghai. Die dreiundachtzigjährige Nobelpreisträgerin trat aus dem Flughafengebäude. Sie half mit, ihren Gepäckwagen zu schieben, voll beladen mit braunen Pappkartons, die mit einer Schnur festgebunden waren. Inzwischen hatten die Fluglinien auf der ganzen Welt gelernt, Mutter Teresas Gepäck ohne Vorbehalte zu transportieren, und sie behandelten es als „VIP"-Fracht!

Der Hauptzweck ihrer Reise war ein Treffen mit Deng Pufang, dem Vorsitzenden der chinesischen Föderation für Behinderte. Deng selbst war während der Kulturrevolution schwer verletzt worden und an den Rollstuhl gefesselt. Auf die Frage, was sie während ihres Aufenthaltes zu tun gedenke, sagte Mutter Teresa: „Den Armen helfen."

Mutter Teresas großer Wunsch war es, ein Heim für die Armen in China zu eröffnen, und 1997, wenige Monate vor ihrem Tod, sagte sie: „Wir werden nach China gehen." Dass sie diesen Wunsch nicht erfüllen konnte, bereitete ihr bis zuletzt Kummer.

„Gott liebt die Welt durch Sie und durch mich"

Mutter Teresa war in das Heim für die Sterbenden in Kalighat, Kalkutta, gekommen. Sie bemerkte, dass ein Tourist dort stand und sie beobachtete. Als sie ihre Arbeit beendet hatte, ging sie zu ihm und begrüßte ihn. Er erzählte ihr: „Ich kam hierher mit so viel Hass im Herzen, Hass auf Gott, Hass auf die Menschen. Ich kam hierher und war leer, ohne Glauben und verbittert, und dann sah ich, wie eine Schwester sich mit ganzem Herzen einem Patienten zuwandte, und ich stellte fest, dass Gott noch lebt. Jetzt gehe ich als ein anderer Mensch von hier fort. Ich glaube, es gibt einen Gott und er liebt uns immer noch."

Mutter Teresa schilderte diesen Vorfall in einer ihrer Reden. Sie sagte: „Ich möchte, dass sich Ihnen fest einprägt: Gott liebt die Welt durch Sie und durch mich."

Frühstücksfernsehen

Einmal erschien Mutter Teresa in den USA in einer Show des Frühstücksfernsehens.

Sie war damals zum ersten Mal in einem Fernsehstudio und nicht auf die vielen Werbe-Unterbrechungen vorbereitet. Die Farben auf dem Bildschirm des Kamera-Monitors verwirrten sie ebenfalls, und es überraschte sie, dass der Interviewer grüne Haare, eine hellviolette Nase und einen rosa Schnurrbart hatte.

An jenem speziellen Morgen handelte die Werbung zufällig ausschließlich von verschiedenen Sorten von abgepacktem Brot und anderen Lebensmitteln, die den Zuschauern empfohlen wurden, weil sie nicht dick machten und viele Ballaststoffe enthielten. Es dauerte ein Weilchen, bis die Ironie, die darin lag, ihre Wirkung tat: Mutter Teresas ständige Sorge war, das Nötige zu finden, um die Sterbenden zu ernähren und dafür zu sorgen, dass sie ein wenig Fleisch auf ihre Rippen bekamen. Dann aber hörte man plötzlich, wie Mutter Teresa mit leiser, aber sehr gut hörbarer Stimme sagte: „Ich sehe, dass Christus in Fernsehstudios gebraucht wird."

Dies war ein noch nie da gewesener Vorfall. Eine Stille legte sich plötzlich über das Studio, und der Abteilungsleiter verstummte. Da die Werbefilme noch immer liefen, war Mutter Teresa nicht auf Sendung, aber ihre Bemerkung wurde in der „New York Times" erwähnt.

Gott sorgt für die Mittel

Mutter Teresa hatte eine lange Liste von Einladungen, die ihr von Kardinälen, Erzbischöfen und Bischöfen aus aller Welt geschickt wurden. Sie baten sie, zu kommen und ihre Schwestern mitzubringen, damit diese in ihren Diözesen arbeiteten. New York war an der Reihe, und Mutter Teresa kam mit zwei Schwestern. Sie begann, die Gebiete in der Stadt zu erforschen, die am meisten heruntergekommen waren, um herauszufinden, welche Hilfe nötig war und ob ihr Orden die Bedürfnisse der Menschen dort befriedigen konnte. Sie sagte: „In einem der Häuser war eine allein lebende Frau schon viele Tage tot, ehe sie gefunden wurde, und sie wurde nur gefunden, weil ihr Körper sich schon zu zersetzen begann. Die Menschen in der Nachbarschaft kannten nicht einmal ihren Namen. Unerwünscht zu sein ist die schlimmste Krankheit, die ein Mensch erleben kann."

Kardinal Cooke, der Mutter Teresa nach New York eingeladen hatte, vermutete, dass Mutter Teresa aus finanziellen Gründen zögerte, mit der Arbeit zu beginnen. Daher bot er an – so wird berichtet –, jeder Schwester, die in Harlem arbeiten würde, 500 Dollar im Monat zu zahlen. Man kann sich Mutter Teresas Gesichtsausdruck vorstellen, als ihr dieses Angebot gemacht wurde. Sie antwortete: „Glauben Sie, dass Gott in New York Bankrott ist? Er sorgt für die Mittel. Weshalb machen wir uns also Sorgen?"

Mutter Teresas Fahrkarte in den Himmel

Eine Gruppe von Lehrern aus den Vereinigten Staaten machte eine Reise durch Indien. In Kalkutta stand ein Besuch bei Mutter Teresa an erster Stelle.

Sie standen vor der kleinen Tür, dem Eingang zum Mutterhaus. Durch ein Loch hängt eine Kette herunter, die man ziehen muss, um zu klingeln. Neben der Tür befindet sich ein Holzbrett, auf das die Worte „*Mutter Teresa*" gemalt sind; ein Zeiger zeigt an, ob sie zu Hause ist oder nicht. An jenem Morgen war sie da.

Am Ende einer lebhaften Unterhaltung mit Mutter Teresa fragten die Lehrer: „Sagen Sie uns doch bitte etwas, das uns hilft, ein besseres Leben zu leben. Was, glauben Sie, könnten wir tun, um Frieden und Freude in die Welt zu bringen?"

Mit einem strahlenden Lächeln sagte Mutter Teresa: „Lächeln Sie einander an. Lächeln Sie Ihren Mann an, lächeln Sie Ihre Frau an, lächeln Sie Ihre Kinder an, seien Sie glücklich mit Ihren Kindern. Wer es auch sei, lächeln Sie ihn an."

Mutter Teresa konnte sich zur Zielscheibe ihrer eigenen Witze machen und über sich selbst lachen. Während des Abendessens an jenem Abend erzählte sie den Schwestern von ihren amerikanischen Besuchern. Sie sagte: „Da ich so viel vom Lächeln spreche und manchmal ernst aussehe, fragte mich jemand aus der Gruppe: ‚Sind Sie verheiratet?' Und ich sagte: ‚Ja, mit Jesus, und manchmal finde ich es sehr schwierig, ihn anzulächeln, weil er sehr viel fordern kann. Das ist wirklich so, und hier kommt die Liebe ins Spiel. Auch wenn viel gefordert wird, geben wir es mit Freude.'"

Mutter Teresa sagte, dass für sie eine der größten Anforderungen darin bestehe, immerfort im Rampenlicht zu stehen. Deswegen habe sie einen Vertrag mit ihrem Gott geschlossen. Sie habe zu Jesus gesagt: „Wenn ich auch für nichts anderes in den Himmel komme, so doch wegen all der Reisen und des ganzen Aufsehens, denn es hat mich gereinigt und für den Himmel vorbereitet."

„Jetzt glaube ich"

Viele junge Ausländer kommen zu den „Missionarinnen der Nächstenliebe", um mit ihnen einige Wochen oder Monate oder sogar ein bis zwei Jahre in den Heimen für die Armen als Freiwillige zu arbeiten.

„Ein junger Franzose kam zu mir", erzählte Mutter Teresa. „Er arbeitete mit den Schwestern. Er sagte mir: ‚Ich habe meinen katholischen Glauben verloren. Ich glaube nicht mehr an Gott.' Ich sagte zu ihm: ‚Lesen Sie dieses Buch' und gab ihm *Remain in my Love – the Meditations on the Gospel of St. John* („Bleibet in mir – Meditationen über das Johannesevangelium"). Er nahm es und ging weg.

Drei Wochen später kam der junge Franzose wieder zu mir und gab mir das Buch zurück. „Jetzt glaube ich", sagte er.

„Ist das nicht wunderbar?" sagte Mutter Teresa zu einem langjährigen Mitarbeiter, dem sie die Geschichte erzählte.

„Ja, Mutter, und selbstverständlich hatten Sie für den jungen Mann gebetet?"

Die Liebe zu Gott in Handeln umsetzen

In einem Interview mit Mutter Teresa äußerten zwei Japaner, sie glaubten, dass wahrscheinlich viele Japaner zögerten, Hilfe in ihren Heimen zu suchen, weil es sich um christliche Einrichtungen handele. „Es ist das Kreuz über der Tür", sagte einer der beiden, „und das Kreuz ist für viele Menschen in Japan ein Hindernis. Sie schauen auf das Kreuz und zögern vielleicht hineinzugehen, weil sie keine Christen sind."

Mutter Teresa erzählte ihnen von dem freudigsten Ort, den sie kenne, und zerstreute damit ihre Ängste.

„In Kalkutta haben wir ein Heim für die Sterbenden in der Nähe des großen Tempels der Hindugöttin Kali. Es ist einer der berühmtesten Tempel in Indien, und direkt daneben haben wir das Heim für die Kranken und die Sterbenden. Sie wissen, dass wir Christen sind, und wir helfen ihnen, in Frieden mit ihrem Gott zu sterben. Wenn Hindus sterben, rufen wir die Hindus und sie nehmen die Leichname mit sich; wenn Muslime sterben, nehmen die Muslime die Leichname; wenn Buddhisten sterben, kommen Buddhisten; wenn Christen sterben, kommen die Christen. Doch niemand hat Angst. Wenn wir in diesem Heim sind, müssen wir den leidenden Menschen durch unser Tun beweisen, dass Gott sie liebt.

Unsere Liebe zu Gott im Handeln ist unser Dienst an den Armen. Ihre Liebe zu Gott im Handeln äußert sich darin, dass Sie das Richtige schreiben. Ihre Liebe zu Gott besteht darin, dass Sie die Wahrheit schreiben, das Gute verbreiten, wunderbare Dinge verbreiten. Auf diese Weise setzen Sie Ihre Liebe zu Gott in Handeln um."

Mutter Teresa und der Papst

Im Jahre 1992 unterschrieben alle belgischen Bischöfe eine Bittschrift an den Vatikan, in der sie baten, Pater Damian De Veuster, bekannt als der Apostel der Leprakranken, möge selig gesprochen werden.

Pater Damian, ein belgischer Priester, war nach Amerika gegangen, um auf eigenen Wunsch auf der Insel Molokai unter Leprakranken zu arbeiten. Er übernahm die geistliche Betreuung der Kranken und blieb dort bis zu seinem Tode. Als er sich die Krankheit selbst zugezogen hatte, sagte er glücklich: „Nun kann ich zu Gott beten und sagen ‚Wir Leprakranken'."

Die Bittschrift der belgischen Bischöfe ging nach Rom. Die Antwort bestand aus zwei lateinischen Worten – *non constat*: die Heiligkeit von Pater Damian ist nicht bewiesen, also kann eine Seligsprechung nicht stattfinden.

Einige Zeit später fragte Mutter Teresa Papst Johannes Paul: „Sie werden Pater Damian nicht selig sprechen? Es würde aber all jene ermutigen, die unter Leprakranken arbeiten, wie zum Beispiel auch die vielen ‚Missionarinnen der Nächstenliebe'." Der Papst antwortete: „Er bewirkte keine Wunder."

„Verlangen Sie Wunder, um einen Priester selig zu sprechen, der sein Leben im Dienst für die Leprakranken gab? Und außerdem, er bewirkte auch Wunder; jetzt hat niemand mehr Angst, einen Leprakranken zu berühren, denn alle wissen, dass die Krankheit dadurch nicht übertragen wird", sagte Mutter Teresa.

Der Papst sagte nichts.

Einige Monate später erhielten die belgischen Bischöfe einen Brief vom Vatikan, in dem sie aufgefordert wurden, „alles für die Seligsprechung von Pater Damian De Veuster im nächsten Jahr vorzubereiten". Das hatte Mutter Teresa bewirkt.

Papst Johannes Paul hatte angedeutet, dass er die Seligsprechung nur vornehmen werde, wenn Mutter Teresa anwesend sein würde, „denn die Menschen werden nicht wegen Pater Damian kommen, sondern um Mutter Teresa zu sehen".

Und so geschah es, dass der Papst den Leprakranken und den Menschen, die sie pflegen, einen Schutzheiligen gab, zu dem sie beten können.

Suku erinnert sich: Teil 1

Suku war ein verlassenes Kind auf den Straßen von Kalkutta. Vor dreiundvierzig Jahren trug Mutter Teresa ihn auf ihren Armen zu ihrem neu gegründeten Kinderheim. Er wurde „Mutters Suku" genannt, besonders wenn er in Schwierigkeiten war. Er war älter, als er aussah und konnte nicht gehen, doch seine Behinderung war kein Hindernis dafür, dass er das ungezogenste Kind in Mutter Teresas erster Gruppe von sieben Jungen im Kinderheim war.

„Mutter war unsere Mutter, für alle zusammen und für jeden Einzelnen. Ich war sehr ungezogen. Ich zog an ihrem Sari und rannte in ihr Zimmer, wenn wir in das Mutterhaus gebracht wurden", erinnert sich Suku.

„Als ich sechzehn war, sagte Mutter zu mir: ‚Komm und diene den Menschen' und nahm mich mit in das Heim für die Sterbenden. An jenem Morgen sah ich, dass jeder in dem Heim seine Nase zuhielt, und ich erkannte bald warum. Ein fauliger Geruch kam von einem Mann, der gerade erst aufgenommen worden war. Einer seiner Unterschenkel war in einen blutbefleckten Stoff gewickelt. Mutter schätzte sofort die Lage ab und bat mich, den Verband zu öffnen. Ich näherte mich dem Mann, doch ehe ich ihn berühren konnte, war mir so übel, dass ich zu Mutter ging. Sie öffnete den Verband, reinigte die Wunde und legte einen sauberen Verband auf sein Bein. Ich beobachtete sie aus einiger Entfernung, und nach einer Weile sah ich nicht mehr Mutter, sondern einen Engel. Meine Vision wurde von Mutters Stimme unterbrochen, die mir zurief: ‚Nun kannst du kommen, Suku, und neben ihm sitzen.' Sie nahm den verkrusteten und stinkenden Verband auf und warf ihn selbst in den Abfall.

Ich erzähle meinen Kindern oft von diesem wunderbaren Erlebnis."

Suku ist jetzt fünfundvierzig Jahre alt und hat seine eigene Familie und ein kleines Haus, das er „Nirmala Bhavan" genannt hat, „Ort der Ruhe und Freundlichkeit".

Suku erinnert sich: Teil 2

Suku war bereit, alles zu tun, was Mutter Teresa von ihm erbat; nur zur Schule wollte er nicht gehen. Er wusste, sie wollte vor allem, dass er viel lernte und etwas aus seinem Leben machte. Doch Suku war ein Schulversager. Um Mutter Teresa eine Freude zu machen, war er einverstanden, eine Berufsausbildung zu machen, und er wurde auch an einer der besten technischen Schulen in West Bengalen zugelassen.

Eines Morgens lief Suku aus der Schule weg und ging zum Mutterhaus. Er vergaß jedoch all seine eigenen Probleme über dem, was er an jenem Morgen sah, während er auf eine Gelegenheit wartete, sich an Mutter Teresas Schulter auszuweinen. Er sah, dass Mutter Teresa von vielen wichtigen Persönlichkeiten umgeben war und setzte sich in eine Ecke um abzuwarten, bis sie gegangen waren.

Ganz flüchtig musste Mutter Teresa einen armen alten Mann gesehen haben, der auf der Zementbank vor dem Besuchszimmer saß. Sie entschuldigte sich und ging hinaus, um ihn zu begrüßen. Wenn Mutter Teresa bengalisch sprach, pflegte sie alte Menschen mit „Ma" oder „Baba" – Mutter oder Vater – und junge Menschen mit „cheley" oder „meyey" – Sohn oder Tochter – anzureden.

Sie sprach den alten Mann auf Bengalisch an: „Baba, was möchtest du?"

„Ist es möglich, Ma Teresa kennenzulernen?"

„Ich bin diese meyey", sagte Mutter Teresa.

Der alte Mann löste die Knoten des Bündels, das über seiner Schulter hing, und bot ihr etwas „moori" oder Puffreis an – ein typisches Nahrungsmittel der Armen. Gespannt beobachtete Suku Mutter Teresa, wie sie ihre beiden Hände zu einer Schüssel formte und den Puffreis entgegen nahm, als wäre er das kostbarste Geschenk auf Erden.

Suku fühlte, wie eine Veränderung mit ihm vorging. Er kehrte an die Schule zurück und beendete seinen Kurs. Jetzt arbeitet er als Techniker in der Elektrizitätsbehörde der Landesregierung.

Was tut Mutter Teresa im Ruhestand?

Nachdem der Präsident der Vereinigten Staaten Mutter Teresa in Washington D.C. mit der Freiheitsmedaille ausgezeichnet hatte, wurde sie interviewt. Eine der Fragen, die ihr gestellt wurden, lautete: „Mutter, wenn Sie nicht mehr Generaloberin sind, was werden Sie tun?"

Mutter Teresa antwortete: „Ich kann vieles tun. Zum Beispiel kann ich recht gut Toiletten säubern, und ich kann gut Abflussrohre reinigen ... Für mich ist ein Gespräch mit dem Präsidenten der Vereinigten Staaten oder das Reinigen von Toiletten und Abflussrohren immer ein Dienst für Jesus. Ich tue alles, was er wünscht."

„Jetzt bin ich nichts“

Die Generalversammlung, die 1997 abgehalten wurde, wählte Schwester Nirmala zu Mutter Teresas Nachfolgerin als Generaloberin der „Missionarinnen der Nächstenliebe“. Später nahm Mutter Teresa sie mit nach Rom, und in einer Privataudienz im Vatikan stellte sie Papst Johannes Paul die neue Generaloberin vor.

Der Papst segnete Schwester Nirmala und gab ihr einige gute Ratschläge. Als er zum Ende kam, rief Mutter Teresa aus: „Jetzt bin ich nichts.“

Papst Johannes Paul erwiderte: „Sie sind die Gründerin.“

Er hatte das letzte Wort, denn niemand konnte ihr jemals diesen großartigen Titel wegnehmen.

Der Ausruf „Ich bin nichts“ war ein Witz von kurzer Dauer, denn bald begab sich Mutter Teresa auf einen Flug in die Vereinigten Staaten, um jedes einzelne Haus zu besuchen, das sie dort eröffnet hatte.

Sie machte diese Reise, um die Schwestern mit ihrem ganzen praktischen Verstand zu mustern, zu befragen, zu beraten und anzuleiten. Nach über einem Monat kehrte sie nach Rom zurück und berichtete Papst Johannes Paul, was sie gesehen und getan hatte.

Die Worte des Papstes sind ihr offensichtlich im Gedächtnis geblieben. Eine Schwester erinnert sich, dass Mutter Teresa zwei Tage vor ihrem Tod mit einigen Schwestern beim Abendessen lachte und scherzte und sagte: „Ich bin eine Schwester wie alle anderen." Dann legte sie ihren Zeigefinger auf die Lippen, schloss die Augen und sagte ruhig: „Der Papst hat gesagt: ‚Sie sind die Gründerin.'"

Der Mangobaum

Die Familie, die direkt neben Mutter Teresas Zentrum in Kalkutta wohnte, blickte mit Besorgnis auf ihre neuen Nachbarinnen in weißen Saris mit blauer Borte. Der ursprünglich im Kolonialstil erbaute Bungalow nebenan war bald verdeckt von hässlichen, aber zweckmäßigen Zementanbauten.

Gerüchte kamen auf, dass ein Krankenhaus oder ein Armenhaus oder, schlimmer noch, ein Leprazentrum vorbereitet werde. Die Familie war froh, dass sie stattdessen ein Heim für verwaiste Kinder entstehen sah. In den frühen siebziger Jahren bemerkte dann ein Familienmitglied, dass ein provisorisches Gebäude errichtet wurde und dabei die gemeinsame Grenzmauer benutzt wurde, ohne dass dazu die Erlaubnis erteilt worden war. Das Familienoberhaupt verschwendete keine Zeit und zeigte die Sache den Behörden an.

Eines Abends, als die kleinen Bewohner von Shishu Bhavan schon zu Bett gegangen waren, unterhielt sich Mutter Teresa noch spät mit Freunden. Sie sagte, dass sie vor einigen Tagen das Gefühl gehabt habe, irgendetwas sei nicht in Ordnung, und dass sie versucht habe, die Sache richtig zu stellen. Sie machte einen Besuch bei dem verärgerten Nachbarn. „Es ist merkwürdig, dass wir uns noch nicht begegnet sind", sagte sie, und er wurde etwas sanfter. Sie sprach von ihrer Arbeit mit den Armen und ihrer Abhängigkeit von den Unternehmern, die die Bauarbeiten ausführten. Sie nahm ihn mit zu einem Rundgang durch das Heim, und ehe er wegging, bot sie ihm an, das Anstoß erregende Gebäude abzureißen. Er murmelte nur, dass derselbe Fehler nicht noch einmal gemacht werden dürfe.

Die guten Beziehungen waren wieder hergestellt, bis eines Tages ein Ball, den eines der Kinder geworfen hatte, die Fensterscheiben im Haus des Nachbarn zerbrach. Der Vorfall führte zu einer Gegenüberstellung, nach der sich der Nachbar etwas kleinlich vorkam, da den Kindern nun das Spielen mit Bällen verboten wurde.

Ein Jahrzehnt später wurde ein angrenzendes Stück Land, das dem Vetter des Nachbarn gehörte, an die „Missionarinnen der Nächstenliebe" verkauft und in einen Spielplatz – zum Glück nicht in ein zusätzliches Gebäude – umgewandelt. Um eine Rutsche für die Kinder zu errichten, musste ein hundertzwanzig Jahre alter Mangobaum gefällt werden. Die Holzfäller kamen, und der alte Mann beschloss, Mutter Teresa am folgenden Tag zu bitten, das Fällen des Baumes zu verhindern. Doch sie starb in jener Nacht, und der Baum wurde gefällt.

Mit freundlicher Genehmigung: The Statesman Ltd.

„Schwierigkeiten auf dem Weg nach Israel"

Mutter Teresa hat diese bislang unveröffentlichte Geschichte einem Freund erzählt:

Mutter Teresa und eine andere Schwester reisten nach Israel, und als sie den Kontrollpunkt erreichten, wurden sie von einer Polizistin angehalten. Kurz vorher war unter den Kleidern einer Frau, die wie eine christliche Nonne gekleidet war, eine kleine Schusswaffe gefunden worden. Daher waren die diensthabenden Sicherheitsoffiziere besonders streng. Jede Frau musste sich ausziehen, um zu zeigen, dass sie keine Waffen bei sich trug.

Die Polizistin forderte Mutter Teresa auf: „Gehen sie in den kleinen Raum und ziehen Sie sich aus."

Mutter Teresa antwortete: „Nein, das tue ich nicht." Die Polizistin wiederholte ihre Aufforderung. Mutter Teresa sagte wieder mit Bestimmtheit: „Nein!"

Und dabei blieb es. Schließlich wurde ihr gestattet, Israel doch über diesen Kontrollpunkt zu betreten.

Mutter Teresa beendete die Geschichte mit den Worten: „Gott sei Dank."

„Ich nehme Gott beim Wort"

Eine Schwester, die sich Mutter Teresa als eine der ersten angeschlossen hatte, wurde gefragt, was sie an Mutter Teresas Persönlichkeit am meisten beeindrucke. Sie antwortete: „Ihr Glaube."

„Ich nehme den Herrn bei seinem Wort", pflegte Mutter Teresa zu sagen.

Im August 1996 lag Mutter Teresa schwer krank in einem Pflegeheim in Kalkutta, nur wenige Tage vor ihrem Geburtstag. Sie hatte eine kritische Nacht überlebt, und als eine Schwester am nächsten Morgen zu ihr kam, sah Mutter Teresa sie an und sagte: „Ich weiß nicht, was Gott tut. Er weiß es. Wir können nicht verstehen, doch eines weiß ich gewiss: Gott macht niemals einen Fehler."

Mutter Teresa kehrte in das Mutterhaus zurück. Kurze Zeit später konnte sie in ein bekanntes Herzzentrum der Stadt aufgenommen werden. Ungefähr zur gleichen Zeit hatte Schwester Agnes, ihre Schülerin und erste Kandidatin bei den „Missionarinnen der Nächstenliebe", nach einer vorübergehenden Besserung ihrer Krebserkrankung einen Rückfall. Sie betete, ihr Leben möge genommen und Mutter Teresas verschont werden, damit sie ihr Werk vollenden könne. Schwester Agnes starb, und Mutter Teresa kam wieder zu Kräften und war in der Lage, ihre Heime in den Vereinigten Staaten von Amerika zu besuchen.

Mutter Teresas Nachfolgerin als Generaloberin wurde in der ersten Hälfte des Jahres 1997 gewählt und erhielt ihren Segen. Mutter Teresa starb am 5. September 1997 und wurde im Mutterhaus in Kalkutta zur letzten Ruhe gebettet.

Die Sprache des Herzens

Mutter Teresa
Öffne dein Herz wie ein Kind
Ein Meditationsbuch für den Alltag
Band 4747
Spirituelle Wegweisung, um im Alltag Tiefe zu finden.

Mutter Teresa
Die Sprache des Herzens
Gedanken für den Tag
Band 4616
Die Friedensnobelpreisträgerin hat in diesem Buch Erfahrungen konzentriert, die ihr Leben trugen : schlicht, eindringlich, glaubwürdig.

Mutter Teresa
Zeiten der Barmherzigkeit
Hrsg. von L. Höhren-Seeber
Band 4373
„Lasse nie zu, daß du jemandem begegnest, der nach der Begegnung mit dir nicht glücklicher ist" (Mutter Teresa).

Christian Feldmann
Mutter Teresa
Die Heilige von Kalkutta
Band 4855
Die Biografie zeichnet den Weg, die Persönlichkeit, die Anliegen, die Kraftquellen, das Engagement und das Vermächtnis Mutter Teresas nach.

Ruth Pfau
Wer keine Tränen hat ...
Was mein Leben trägt
Hrsg. von Michael Albus
Band 4924
Ruth Pfau ist seit fast 40 Jahren als Ärztin in Pakistan und Afghanistan im Kampf gegen Lepra und Gewalt. Nun zieht sie Bilanz. Mit eindrucksvollen s/w-Fotos.